Lichtkinderen

Inhoud

‘Elk kind is een kunstenaar.
De vraag is alleen:
hoe blijft het een kunstenaar als het groot wordt?’

Pablo Picasso

Voorwoord

Je kunt heel goed merken dat overal op de wereld de belangstelling voor spiritualiteit toeneemt. Dit merk ik al een aantal jaren, bijvoorbeeld door de enorme interesse van mensen in de bijzondere eigenschappen van water en zijn boodschappen (zie mijn boek 'De boodschap van water'). Water is een informatiereservoir dat al onze gedachten opslaat in de kristalstructuren van het moleculaire niveau. Dat geldt voor een glas water waar we onze gedachten bewust op kunnen richten, en ook voor het water in onze lichaamscellen (de mens bestaat voor zeventig procent uit water): ook het water in onze lichaamscellen slaat onbewuste gedachten en gevoelens op. Overwegend positieve gedachten stimuleren onze zelfhelende krachten. Door overwegend negatieve gevoelens wordt deze zelfhelende kracht geblokkeerd. Bevroren water in de vorm van ijskristallen toont ons de anders onzichtbare effecten van gevoelens, gedachten of gebeden.

Het is fantastisch om de basis van spirituele gevoeligheid al op heel jonge leeftijd op onze kinderen te kunnen overdragen. Het is geweldig als een kind al heel vroeg de waarde hiervan kent en het niet vanzelfsprekend vindt om steeds negatieve gedachten te hebben. Als het in plaats daarvan al op jonge leeftijd de macht leert kennen die zijn gedachten op zijn eigen lichaam, zijn omgeving en de kwaliteit van zijn leven hebben; als een goddelijke, sprankelende bron die altijd haar zuiverheid behoudt.

Toch een veel mooier en rijker leven dan het leven

van degene van wie de bron eerst helemaal moet vervuilen, voordat men er achter komt dat men dit zelf doet?

Ik heb de onderzetters voor de waterglazen en de licht-en-liefde-poster voor kinderen uit dit boek daarom met heel veel plezier in mijn handen gehad. Ik merk dat water en spiritualiteit weer een waardige plek in het hart van de mensen krijgen – vooral ook in het hart van kleine mensen. We kunnen onszelf en onze planeet geen groter cadeau geven.

Ik wens alle lezers en kinderen dat de trillingen van liefde en dankbaarheid hen in het dagelijks leven geluk mogen brengen.

Masaru Emoto
Tokio, januari 2005

De kracht van spirituele verbondenheid

Indigokinderen, kristalkinderen of heel normale kinderen: elk kind is een kind van het licht en de hemel en elk kind kan daar al heel jong bewust van worden gemaakt (of bewust van blijven) – of het kan dit al heel jong vergeten.

Hiermee bedoel ik niet zozeer dat het er bij het bevorderen van spiritualiteit van kinderen erg hoogdravend of zelfs heilig aan toe moet gaan (behalve als je het kind daar behoefte aan heeft), maar eerder dat de spirituele verbondenheid met het innerlijk licht een normaal onderdeel van het dagelijks leven zou moeten zijn.

Waarom moeten we deze spirituele verbondenheid bevorderen?

a. Zodat het kind met behulp van het innerlijk licht later in staat is om zijn identiteit te vinden, zijn roeping te herkennen en te kunnen vervullen, in plaats van eeuwig op zoek naar zichzelf te zijn.

b. Zodat dit innerlijk licht je kind door het leven leidt. Tenslotte hopen we dat onze kinderen de signalen op tijd herkennen die hen duidelijk maken wat goed of minder goed voor ze is. We hopen dat onze kinderen met behulp van het innerlijk licht weten wat ze kunnen doen om gezond te blijven en hoe ze intuïtief de beste beslissingen kunnen nemen.

c. Zodat het kind vanaf het begin weet dat elke leraar slechts de op een na beste is (zelfs als die leraar mama of papa is) en dat de ware, hoogste leraar in hen zelf huist.

d. Zodat voelbaar voor het kind wordt dat 'liefde' geen romantisch geklets is, maar een universele kracht die het kan gebruiken!

Spelen, rituelen en voorbeelden uit de praktijk

Flesjes en waterglazen energetiseren

Een modern lichtkind energetiseert zijn drinkwater zelf. Natuurlijk geldt dit ook voor thee of sap, maar het is goed als kinderen al vroeg leren om veel zuiver water te drinken, zodat ze later niet zoveel moeite hoeven te doen om te stoppen met het drinken van cola en limonade doordat ze verzuurd zijn en onder de

puistjes zitten. Meer daarover bij de 'watertips' achterin het boek.
Kinderen kijken graag naar mooie plaatjes en begrijpen dingen beter als ze visueel aantrekkelijk zijn. Ik heb mijn twee kinderen daarom 'De boodschap van water' van Masaru Emoto laten zien en daarna twee bekers met water voor hun neus gezet. In de bekers zat zuiver leidingwater.

Emoto, professor B.H. Kröplin (uit Duitsland), professor Antonov (uit Sofia) en dr. Lee Lorenzen (uit de V.S.) onderzoeken onafhankelijk van elkaar de kristalstructuren van water. Zij komen allen tot de conclusie dat water informatie en energie kan opslaan en dat het reageert op geestelijke en emotionele processen.

De traditionele wetenschap vindt dat onzin, maar men heeft wel vaker iets onzinnig gevonden dat later toch juist bleek te zijn. We laten ons daardoor dus verder niet afleiden.

Als we, volgens Emoto, briefjes met positieve begrippen zoals 'liefde en dankbaarheid' op een kan water plakken, dan vormt het bevroren water prachtige ijskristallen. Bekijken we leidingwater uit de meeste steden, dan vormt het geen kristallen, maar patronen die een negatieve uitstraling hebben. Dit fenomeen is in het boek van Emoto op heel veel foto's van allerlei waterproeven te zien.

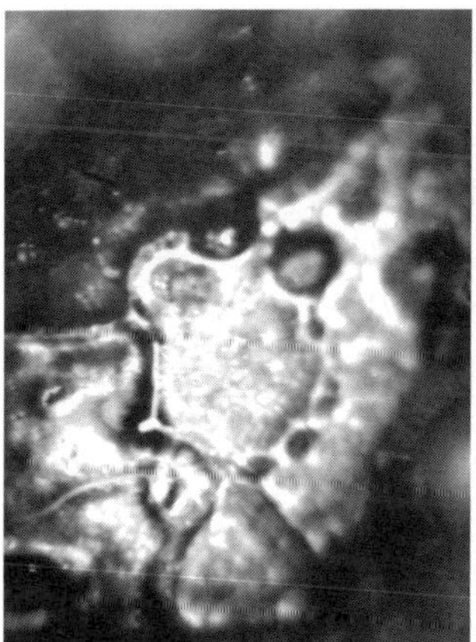

Voor het gebed

Na het gebed

De linkerfoto toont vervuild water uit een Japans stuwmeer, dat geen kristalstructuur vormt. Rechts een foto van hetzelfde water nadat er een gebed over werd uitgesproken.

Dit zijn twee indrukwekkende foto's die je je kinderen uit kunt leggen. 'Kijk, zo ziet water eruit als het gezond is en je een druppel onder de microscoop bekijkt', heb ik mijn kinderen verteld. Dat ze nog maar twee jaar zijn en er geen idee van hebben wat een microscoop is, maakt niet uit. Zo ziet het eruit en dat is dat. Als ze ouder zijn en vragen stellen, kun je ze natuurlijk vertellen dat je kristallen ziet als je de allerkleinste deeltjes van bevroren water bekijkt en dat je dat met een microscoop doet.

'En zo ziet leidingwater er vaak uit'. Ze kijken even naar de verwrongen structuren. 'Dat is lelijk, vinden jullie niet?' 'Ja!' Ze knikken instemmend. 'En zo ziet water eruit als je het heel veel liefde stuurt'. Daarbij wees ik naar een mooie foto van een kristal en naar andere voorbeelden in het boek van Emoto.

Emoto heeft overigens ook water aan verschillende soorten muziek blootgesteld en ook hierop reageerde het. Een aspect waarin oudere kinderen heel geïnteresseerd zijn. We kunnen het ene glas met water bijvoorbeeld Heavy Metal en het andere muziek van Beethoven laten horen en naderhand proeven of het water anders smaakt. Let op: volgens de onderzoeken van Kröplin, Emoto en Antonov verliest het water zijn kristalstructuur als een scepticus denkt dat het onmogelijk is dat water kristallen kan vormen en dat het daarna beter smaakt. Positieve uitstraling daarentegen, waardoor het water met energie opgeladen wordt, zorgt voor een heel stabiele structuur die niet meteen verdwijnt door toedoen van de eerste de beste twijfelaar.

Mijn kleine kinderen kraaiden in elk geval van plezier, toen ze de mooie kristallen zagen en aaiden de foto's.

‘Moet het water in jullie bekers er ook zo uitzien?’

‘Jaaa!’ De tweeling was het met elkaar eens, zo en niet anders moest hun water er uitzien.

‘Dan maken jullie nu een mooie onderzetter voor het water en daarna zetten we jullie beker met water erop.’

Het is een goed idee als de bekers of glazen die gebruikt worden doorzichtig zijn, zodat de kinderen ervan overtuigd zijn dat het water de onderzetters kan zien. Of het water de onderzetters echt moet zien of dat de handeling en de trilling voldoende zijn weet ik eerlijk gezegd niet, maar ik vermoed het laatste.

Ik heb onderzetters in verschillende vormen uit karton geknipt en we tekenden en schreven er ijverig begrippen op, zoals:

- liefde en dankbaarheid (dat is volgens Emoto de combinatie met het hoogste trillingsniveau)
- liefdevolle vriendschappen
- innerlijk licht
- gezondheid
- geluk
- vreugde

Je kunt elk begrip opschrijven, er zijn wat dat betreft geen grenzen.
Ik schreef de woorden op en tekende er een symbool bij dat me op dat moment inviel en de kinderen mochten de symbolen inkleuren. Dat betekende op hun leeftijd natuurlijk meer kleurig gekras, maar het belangrijkste was dat ze meededen.

We hebben de waterbekers op de onderzetters gezet en ik heb mijn de handen boven het water gehouden. Ik heb daarbij bovenstaande begrippen, bijvoorbeeld liefde en dankbaarheid, hardop gezegd.

De eerste keren keken mijn kinderen alleen toe, maar nu doen ze soms ook mee. En ze zoeken hun eigen onderzetter uit, waarop het water dan één tot twee minuten moet staan, voordat ze het drinken. Soms duren die één tot twee minuten niet meer dan één tot twee seconden, maar dat varieert. De methode hebben ze in elk geval begrepen en daar gaat het om. Ze voelen dat deze dingen bij het gewone leven horen en hoeven later niet naar allerlei cursussen, om daar pas te leren dat water informatie kan opslaan.

Om dit spel, waar ik zeer tevreden over ben, makkelijker te kunnen doen en ervoor te zorgen dat de kinderen er veel plezier aan beleven, heeft illustrator Stefan Stutz lieve, kleine watergeesten gecreëerd. We kunnen met deze watergeesten in contact komen en hen vertellen welke energie we het water graag willen geven.

Een paar watergeesten zijn al op de onderzetters achterin dit boek getekend; deze kunnen gekopieerd en uitgeknipt worden. Ze kunnen ook gebruikt worden als suggestie om je eigen onderzetters te maken. Voorbeelden zie blz. 120 e.v.

Als je wilt dat de onderzetters mooi blijven en waterbestendig zijn, kun je ze in een kopieerwinkel laten sealen of met doorzichtige folie uit de kantoorboekhandel beplakken.

Stefan Stutz heeft van deze tekeningen een gekleurde kaartenset gemaakt en die naar ons opgestuurd en mijn kinderen waren er verrukt van. Zonder dat ik iets had gezegd, ontdekten ze een nieuw spel: een flesje met water werd telkens ongeveer twee minuten op een van de onderzetters gezet. Dan probeerden ze hoe het water smaakte. Dan namen ze een andere onderzetter en proefden ze weer hoe het water smaakte. Volgens Amos smaakte *'verbondenheid'* het best en Jola vond *'levensvreugde'* het lekkerst.

Nadat ik een tijdje had toegekeken, werd ik nieuwsgierig en pakte ik ook een glas met water. Ik wilde het weten: smaakt *'verbondenheid'* echt anders dan *'gezond'* of *'levensvreugde'*?

Dat verschillende begrippen verschillende kristallen vormen, heeft Emoto ook ontdekt. *'Liefde en dankbaarheid'* vormt telkens hetzelfde kristal en het maakt daarbij niet uit of het begrip in het Engels of Japans opgeschreven wordt. Het begrip 'gezondheid', ook een positief begrip, vormt weer andere kristallen. Misschien kun je het verschil echt proeven?

Ik zette mijn glas nu ook op verschillende onderzetters en deed de smaaktest. Hm, het spel prikkelt de fantasie, zodat je denkt dat je verschillende smaken proeft, of het prikkelt de zintuigen waardoor het echt mogelijk is om de verschillende energieën te proeven. In elk geval vond ik *'liefde en dankbaarheid'* het lekkerst en was de smaak heel anders dan die van *'verbondenheid'*. De laatste had een enigszins etherische smaak, terwijl *'gezondheid'* heel aards en helder smaakte.

Wat met water en andere dranken lukt, lukt natuurlijk ook met voedsel. Ook eten kunnen we van positieve energie voorzien of we kunnen 'goede geesten' uitnodigen, zodat het eten beter verteerd en verdragen wordt.

Zelfheling door beïnvloeding van het water in onze lichaamscellen

Een van mijn lezeressen, Irmgard, schreef me ooit: 'Hallo Bärbel, je hebt ons tijdens een lezing verteld dat een mens voor zeventig procent uit water bestaat. Je hebt verteld dat Masaru Emoto door onderzoek heeft aangetoond dat water informatie kan opslaan en dat de kwaliteit van water blijvend kan verbeteren. Ik heb daarom besloten om eens te experimenteren met het water in mijn lichaamscellen.

Ik maakte een lijst met goede en gewenste eigenschappen, en schreef deze op etiketten. Ik plakte de etiketten allemaal op mijn buik. Ik zag eruit als een versierde kerstboom. Ik ging ervan uit dat als ik deze etiketten op mezelf plakte, het water in mijn, lichaamscellen positief beïnvloed zou worden. Het enige waarover ik twijfelde was of ik – net als Emoto met water doet – de nacht in de vriezer moest doorbrengen om succes te hebben (opmerking: Emoto bevriest de waterdruppels en bekijkt de bevroren kristallen onder de microscoop). Ik zag er toch maar van af. Na een ongelooflijk diepe slaap, werd ik de volgende ochtend erg vrolijk wakker. Alleen de briefjes lieten, waarschijnlijk door de lijm, veel rode sporen op mijn huid achter. Op de fitnessclub vroegen de vrouwen me wat die vreemde, hoekige uitslag was. Eh, nou ja…

De volgende avond stelde ik me bescheidener op en vroeg ik om een mooie droom. Ik schreef mijn wens met een make-upstift op mijn huid. Hoewel ik maandenlang niet had gedroomd, had ik deze nacht een fantastische droom. Het is dus inderdaad mogelijk om het water in onze lichaamscellen te beïnvloeden. Ik kan iedereen uitnodigen om hiermee te experimenteren!'

Dit is natuurlijk een tamelijk willekeurige proef. Maar vertel het eens aan je kinderen. Misschien vinden ze het zo leuk om met lichaamsverf of kinderschmink (vanaf nu altijd in voorraad hebben ☺) op hun lichaam te schrijven wat ze graag willen – gezondheid, genezing, heel zijn, vrede, innerlijk licht, liefde en wat ze verder nog bedenken – dat ze alleen van het gegiebel en gegrinnik al gezonder worden.

Met oudere kinderen kun je ook stofresten met textielverf beschilderen of beschrijven. Als het nodig is kan het kind voor de nacht zo'n gezondheidspleister op een bepaalde plek op zijn lichaam plakken.

Ik heb inmiddels een paar indrukwekkende foto's van kristallen en een foto van negatief beïnvloed water uit het boek van Emoto gekopieerd. Deze foto's heb ik in de keuken opgehangen. Dat maakt alle kinderen die op bezoek komen nieuwsgierig. We kunnen hen, als ze dat willen, op die manier makkelijk uitleggen dat hun lichaam overwegend uit water bestaat en dat gezond water in hun lichaamscellen ook mooie kristallen vormt. We kunnen hen vertellen hoe ze hier zelf voor kunnen zorgen.

Als je dan ook nog het verhaal over het kippenhart vertelt, doen ze meteen hun armen omhoog of ontbloten hun buik om erop te tekenen.

Hoe gaat het verhaal over het kippenhart?

In 1912 kreeg Alexis Carell de Nobelprijs voor de geneeskunde. Hij had ontdekt dat een kippenhart onsterfelijk is als het in een laboratorium met een optimale voedingsvloeistof wordt gevoed en als dagelijks twee keer al het afval van de stofwisseling uit de cellen wordt afgevoerd. Het hart blijft dan onbeperkt jeugdig, als bij een jonge kip.

Normaal gesproken leven vrij rondlopende kippen vijf tot zeven jaar. Carells kippenhart stierf na 29 jaar, toen een medewerker vergat om voor de nacht de kunstnier voor het afvoeren van het afval van de stofwisseling aan te zetten.

Wat is het verband met Emoto?

Heel eenvoudig: als water negatieve energie bevat vervuilt het sneller, terwijl hoogenergetisch water zichzelf kan reinigen. Emoto heeft samen met dr. Shioya (de man is meer dan honderd jaar oud, zie 'Het mysterie van het water' van Emoto/Fliege) en een groep mensen gemediteerd aan de oever van een meer dat erg vervuild was. Het resultaat was dat het water weer kristallen ging vormen (de foto's vóór de meditatie vertoonden geen enkele kristalstructuur) en dat het meer weer helder werd. De plaatselijke pers meldde opgetogen, dat het water deze zomer voor het eerst sinds lange tijd niet meer zou stinken.

Wat een groep mensen bij een meer kan bereiken, kunnen we in het gezin of met vrienden ook met het water in onze lichaamscellen: we kunnen het positief beïnvloeden en daardoor kan het water in onze lichaamscellen zichzelf reinigen!

Kleine kinderen houden van gekleurde pleisters met mooie figuurtjes erop. Dus waarom plakken we, als een kind ziek is, geen beschilderde pleister op een plek op het lichaam waar het kind deze 's nachts graag wil hebben? Of we kunnen Stefans onderzetters met een pleister op de buik van het zieke kind plakken.

Kinderen slapen bijzonder goed als ze kort voordat ze gaan slapen, mooie plaatjes te zien krijgen. Of dat komt door de plaatjes of doordat er een getekend symbool of woord op hun buik is geplakt, is niet belangrijk. Het kind krijgt aandacht en wordt met zorg omringd en wint alleen daardoor al aan kracht. En het water in de lichaamscellen wordt op positieve wijze geprikkeld. Probeer het gewoon uit. Ook bij jezelf, evenals de hiervoor genoemde lezeres.

Een andere mogelijkheid is, om samen met je kind een genezende drank te maken. Daarvoor zet je water of een geschikte kruidenthee op een onderzetter, waarna je bijvoorbeeld voor het water zingt of neuriet. Je houdt je handen boven het glas of strekt één hand (bij voorkeur de linker) naar de hemel en vraagt om energie, terwijl je de andere hand boven het water houdt.

Dit water geef je je kind te drinken voordat het gaat slapen. Een gedeelte ervan kun je eventueel gebruiken om er een vochtig kuitverband mee maken, of het lichaam helemaal of op bepaalde plekken in te wrijven.

In elk geval doet de verzorging het kind goed.

In het beste geval, als Masaru Emoto en de anderen gelijk hebben met hun alternatieve wateronderzoeken, beïnvloeden geest en emoties het water dat zich in de buurt bevindt, en dus ook het water in onze lichaamscellen. Als je je daar ook nog bewust op richt, dan werkt het inwrijven met gezond water (met een goede structuur) als een soort ritueel. Het gezonde water beïnvloedt het water in de lichaamscellen op positieve wijze.

Jaren geleden heb ik samengewerkt met een arts, met wie ik veel van dit soort experimenten heb gedaan. We hebben van alles uitgeprobeerd, terwijl we voor en na de behandeling telkens onze lichaamsenergie gemeten hebben (met bioresonantie). We deden vingermassages als me niets mankeerde, lymfedrainage aan de onderbenen bij bronchitis en veel van dit soort schijnbaar willekeurige behandelingen.

Het resultaat was altijd hetzelfde, de positieve aandacht en positieve handelingen verhoogden onze lichaamsenergie. Volgens Emoto gebeurt dat ook met water in de lichaamscellen, op welke niveaus het ook werkt, het verbetert de situatie altijd.

Op dit moment beschouwen mijn kinderen 'sijn' ('medicijn' kunnen ze nog niet goed zeggen) als een soort lekkernij. Ten eerste omdat het zo lekker zoet smaakt, ten tweede omdat er bij ons meestal een aangenaam ritueel aan verbonden is. Het is iets moois, dus wil je het graag hebben ☺. Daarom roepen ze ook wel eens om 'sijn' en 'pleister plakken' als de pop zijn hoofd gestoten heeft ☺☺.

Een andere mogelijkheid om energetische zelfgenezing en natuurgeneeskunde als vanzelfsprekend in het dagelijks leven te introduceren is de volgende:

Kinderen lopen regelmatig blauwe plekken, schaafplekken en kleine wondjes op bij het leren lopen, het spelen enzovoort.

Waarom geen speciaal medicijn voor dat soort situaties?!

Je kweekt smalle weegbree volgens de methode van het 'spiritueel tuinieren' (zie volgende hoofdstuk) in de tuin of op de vensterbank. (Dit lukt helaas alleen in de zomer, behalve als je beter tuiniert dan ik; mijn smalle weegbree wordt in de winter altijd slap). Je zorgt dat je altijd een rol doorzichtige, zacht klevende pleisters in huis hebt.

Als je een blad van de smalle weegbree tussen je vingers wrijft, dan komt er op een gegeven moment groen sap uit. Wees er op voorbereid dat dit even kan duren. Dit sap helpt uitstekend bij muggen- en bijensteken. De jeuk verdwijnt onmiddellijk en als je het sap er snel na de steek op smeert (binnen vijftien minuten) verdwijnt de zwelling vaak ook weer.

Het sap van de smalle weegbree bevordert echter ook de genezing van wonden (bij nader inzien is het kweken op de vensterbank toch niet zo verkeerd, de buurkat heeft de plant dan in elk geval niet als kattenbak gebruikt). Vaak willen kinderen niets op hun huid gesmeerd hebben. Maar als ze het middeltje zelf hebben gekweekt, denken ze daar misschien heel anders over.

Over het sap kun je, als je dat wilt, eventueel nog een desinfecterende crème smeren, waarna je het geheel afdekt met een pleister waarop heel veel engeltjes, die helpen genezen, zijn getekend of geplakt.

Daarna kun je je hand boven de plek houden en je kind vertellen, dat je alle negatieve energie uit de plek trekt (natuurlijk in gedachten ook doen) en naar het licht of de zon stuurt. Daarnaast kun je ook nog de genezende engeltjes uitnodigen, zodat het proces sneller verloopt.

Sceptici moeten weliswaar toegeven dat het helpt, maar zullen aanvoeren dat dit puur door het placebo-effect komt. Met het effect van placebo's maakte ik voor het eerst kennis, toen ik ongeveer twaalf jaar was. Destijds zat mijn moeder in het bestuur van een Duitse kliniek voor diagnostiek. Ik kreeg wratten op mijn voet en ze stuurde me naar een professor gespecialiseerd in huidproblemen. Hij keek naar de vijf wratten op mijn voet en zei: 'Helaas ben je al een beetje te oud om er gewoon gekleurde pleisters op te plakken. Als ik namelijk aan kleine kinderen vertel dat de wratten 's nachts verdwijnen door er gekleurde pleisters op te plakken, dan zijn ze de volgende ochtend inderdaad weg. Maar helaas, daar ben jij te groot voor. We moeten de wratten er daarom uitsnijden.'

Tot mijn twaalfde had ik geen flauw benul dat positieve gedachten een bepaald effect konden sorteren, in welke vorm dan ook. Nu zat ik daar en ik geloofde mijn oren niet. Vertelde de grootste autoriteit op het gebied van dermatologie me in alle ernst dat de gedachten van kleine kinderen zo sterk zijn, dat alleen hun geloof de wratten liet verdwijnen? Dat leek me onvoorstelbaar.

Ik werd geopereerd. De aandacht en de hele tamtam eromheen maakte dat de wratten groeiden en uitstekend gedijden. Tenslotte zaten er meer dan twintig wratten onder mijn voeten.

Toen ik op een dag op de rand van het bad zat en naar al die wratten keek, schoten de woorden van de professor me te binnen: 'Gekleurde pleisters en vertrouwen zorgen ervoor dat ze verdwijnen.' Maar hoe meer aandacht mijn wratten kregen, des te sneller ze leken te groeiden. 'Wacht maar', dacht ik. 'Ik ben weliswaar geen klein kind meer, maar ik besluit op dit moment dat ik het ook kan. Ik kijk nu een half jaar niet meer (dat was geen probleem omdat ze op mijn voetzolen zaten) en daarna zijn jullie allemaal weg'.

Zo gezegd zo gedaan, en toen ik een half jaar later weer op de rand van het bad zat en met een van opwinding bonkend hart langzaam mijn voet omdraaide, begon ik te juichen. Hoera, het was me gelukt! Alle wratten waren weg! Ik kon hetzelfde wat kleine kinderen blijkbaar allemaal kunnen. Ik kon mijn wratten door vertrouwen te hebben laten verdwijnen!

Laat je kinderen alsjeblieft ontdekken hoeveel zelfgenezende krachten ze hebben! Natuurlijk op een speelse manier en zonder ze onder druk te zetten, anders bereik je het tegendeel. Genezing heeft alles met liefde te maken en liefde is het tegenovergestelde van onder druk gezet worden.

De ene keer zal het daarom prima gaan en de keer daarop niet, dan heb je extra hulp nodig. Toch kun je elk proces in het kader van zelfgenezing spelenderwijs begeleiden, zelfs als op sommige momenten het lichaam niet of nauwelijks reageert. Niets gaat immers vanzelf.

Lichtmassage

EFT is de afkorting van 'Emotional Freedom Techniques', een techniek waarbij met eenvoudige klopoefeningen een energetisch evenwicht in de meridianen tot stand wordt gebracht en lichaam en geest een eenheid worden.

Met kinderen kun je echter ook heel goed experimenteren, doordat je klopoefeningen presenteert in de vorm van een spelletje. Iets dergelijks gebeurt ook bij verschillende chi-gong-technieken of bij dynamische meditaties.

Eerst kun je op geschikte (niet te harde) muziek gedurende een of twee liedjes met de kinderen dansen. Dat maakt het lichaam en de daarin opgehoopte energieën los. Daarna gaan jullie zitten om een rondje klopoefeningen te doen, zodat de energie in het lichaam weer op gang komt. Dat kun je een kind heel goed uitleggen en oudere kinderen kun je, als ze geïnteresseerd zijn, de exacte techniek bijbrengen die in het boek staat beschreven.

Bij het kloppen op het lichaam om te ontspannen ga je na het dansen weer zitten, je duwt je ring- en middelvinger van één hand tegen elkaar en klopt daarmee zacht op alle plekken waar het lichaam dat nodig heeft. Je kunt bij het hoofd beginnen en langzaam naar beneden werken. Of je doet het omgekeerd, of kriskras door elkaar. Het gaat erom dat het kind vertrouwd raakt met het idee dat er energiestromen in zijn lichaam zijn, zodat het deze energie zelf kan laten stromen en leert op signalen van zijn lichaam af te gaan. Op welke plek van het lichaam voelt het zachte kloppen op dit moment goed? Op die plek klop je verder. Als er een plek is waar het kloppen niet prettig aanvoelt, zoek je gewoon een andere plek. Kinderen leren zo spelenderwijs te luisteren naar de signalen van hun lichaam.

Uitgebreide informatie over EFT is te vinden op de websites www.eftnederland.nl en www.emotievrij.nl of in het boek *'Leven in emotionele vrijheid'* van D. van Halderen (Ankh-Hermes).

Beknopte samenvatting van de spelletjes voor zelfgenezing

- Een grappige manier: het water in de lichaamscellen positief beïnvloeden doordat jij of het kind zelf zijn lichaam met lichaamsverf of schmink beschildert met woorden zoals: 'gezondheid, genezing, dankbaarheid, vrede, innerlijk licht, liefde' of met beelden en symbolen die dit uitdrukken.
- Ook Stefans onderzetters met de watergeesten zijn geschikt voor genezing. Je kunt ze gewoon met een pleister op de buik van je kind plakken. Of op stof tekenen en vastplakken op de plekken waar dit nodig is.
- Zelf genezend water maken: leg een onderzetter onder het glas en stuur met je handen energie naar het water. Zing of neurie voor het water. Dit water (of een geschikte kruidenthee) voor het slapen gaan drinken en/of de plekken op het lichaam die dit nodig hebben ermee inwrijven, of gebruiken voor vochtige omslagen e.d..
- Zelfgemaakte, kleurige pleisters zijn ook geschikt om schaafwonden sneller te laten genezen. Je kunt smalle weegbree kweken, een plant die wonden geneest en die ook uitstekend helpt bij muggenbeten.
- Vertel je kind verhalen over de oude indianen, die eerst toestemming aan een plant vroegen voordat ze hem plukten. Een kano die is gemaakt van een boom waaraan eerst is gevraagd of hij zich voor dit doel wilde opofferen, gaat volgens indianenverhalen honderd keer langer mee dan een kano die is gemaakt van een boom die willekeurig is uitgekozen en omgehakt! Jullie kunnen samen aan

de smalle weegbree vragen welk blad hij voor de genezing wil geven en deze dan plukken. Dat vergroot ook de gevoeligheid van de kinderen.

- Handen opleggen en genezende energie sturen. Eén hand naar de hemel richten (bij voorkeur de linker) om energie te halen, de andere boven de bewuste plek houden om energie te sturen.
- Je kind zelf beide handen naar de hemel laten strekken om energie te krijgen.

- Zelf of met je kind samen iets bedenken: je kind kan bijvoorbeeld voor zichzelf, of meerdere kinderen samen voor een ziek kind, genezingssymbolen tekenen. Deze kunnen boven het bed van het zieke kind gehangen worden.
- Klopoefeningen: met je ringvinger en middelvinger kun je alle plekken op het lichaam waar het op dat moment nodig is, zachtjes bekloppen. Dat stimuleert de energiestromen in het lichaam en verbetert het vermogen naar de signalen van het lichaam te luisteren.

Spiritueel tuinieren

We zijn nog niet helemaal klaar met onze waterspelletjes. Als de kwaliteit van ons drinkwater en het water in onze lichaamscellen er zo op vooruitgaat als we er aardig voor zijn, dan moet het toch ook goed zijn voor de planten als we deze met goede kwaliteit water begieten.

Ook hiermee kunnen we op een speelse manier experimenteren. We kunnen kleine potjes voor in de vensterbank kopen en daar van alles in zaaien: waterkers, radijsjes, tomaten, tarwegras enzovoort. Op de ene pot plakken we een hart, een zon of een ander positief symbool. Op de tweede pot plakken we niets.

De pot met het positieve symbool wordt met van tevoren geënergetiseerd water begoten. Het water heeft dus op onze onderzetters gestaan, de kinderen hebben het liefde gestuurd of het mooie muziek laten horen, afhankelijk van waar de kinderen zin in hadden.

Het kan leuk zijn om een 'gouden regen' op het water te laten vallen. Dat gaat als volgt: je strekt beide handen naar de hemel met de handpalmen naar beneden. Dan beweeg je snel je vingers heen en weer terwijl je je handen laat zakken en je zegt: 'Mag de energie van de liefde, de hemel, ..., ..., op je neerdalen als gouden regen en een bijzondere zegen.'

Vingertokkelen is grappig. Als je dit een paar keer hebt voorgedaan, doen ook de kleintjes het helemaal uit zichzelf na.

Je kunt elke ochtend de plant met het positieve symbool liefdevol begroeten en er een paar woorden tegen zeggen. En 's avonds kun je de plant welterusten wensen. Laat je kinderen ervaren of de plant beter groeit als hij liefde en aandacht krijgt. Misschien is het resultaat bij sommige planten duidelijker zichtbaar dan bij andere.

De kinderen kunnen tijdens een tweede experiment (met nieuwe planten) de plant met het positieve symbool aan harmonische muziek (bijvoorbeeld klassiek) blootstellen en de andere plant aan disharmonische muziek. Dit doen ze één keer per dag en dan maar afwachten wat er gebeurt.

Emoto beschrijft een experiment, waarbij kinderen twee glazen potten met schroefdeksel met gekookte rijst hebben gevuld. Op de ene pot werd het etiket *'dank je'* en op de andere pot het etiket *'stommerd'* geplakt. Bovendien moesten de kinderen de dank-je-pot elke ochtend bedanken en er liefdevol tegen praten, terwijl de andere pot alleen voor stommerd werd uitgescholden.

De rijst in de 'stommerd-pot' begon te schimmelen en te stinken en die in de 'dank-je-pot' begon te gisten en rook aangenaam zoet.

Blijkbaar kunnen de microben in onschadelijke of schadelijke bacteriën veranderen, afhankelijk van de energie die gestuurd wordt. (Het experiment wordt beschreven op pag. 65 van het boek *'Water weet het antwoord'* van Emoto.)

Tijdens een reizende tentoonstelling van de Zwitserse werkgroep Levensenergie werd een meetinstrument op een mimosaboom aangesloten. Het apparaat toonde de frequentie van het boompje in de vorm van twee gelijkmatige lijnen. Werd er echter een mobieltje ingeschakeld, dan sloeg de meetapparatuur op tilt. Honderden chaotisch door elkaar trillende lijnen vormden tenslotte een dikke, mistige streep op de display, die ook na het uitschakelen van het mobieltje pas na een paar seconden weer langzaam gelijkmatig werd.

In het menselijk lichaam ziet dat er natuurlijk niet beter uit. Als kinderen vroeg verslaafd aan hun mobieltje raken is dat niet alleen duur, maar ook ongezond. Laat je kind het zelf onderzoeken. Als je kind al enigszins weet hoe de planten bij jullie thuis kunnen reageren, dan kan hij bijvoorbeeld een paar uur per dag een mobiel dicht bij een bepaalde plant neerleggen. De andere plant moet er minstens vijf meter vandaan staan, anders heeft deze net zo goed last van de straling.

Als kinderen al vroeg meemaken hoe ongezond dit voor planten is, zullen ze wel oppassen om later veel en onnodig met deze dingen te bellen.

Bij heel jonge kinderen is voordoen het beste. Kleine kinderen willen ook groot zijn en willen alles zelf doen. En dat gebeurt ook, voor zover ze het kunnen en het ze aanspreekt.

De vader van Julia van tweeënhalf voelt bijvoorbeeld graag de verschillende energie van planten, als hij door het bos loopt. Hoe voelt de boom aan? Hoe voelt de volgende boom aan? Hoe voelt de struik en hoe het onkruid?

Dochter Julia heeft heel lang alleen toegekeken, maar nu staat ze soms ook naast een plant, houdt haar hand erboven en heeft daarbij een supergeconcentreerde uitdrukking op haar gezicht. Julia scant de planten!

Als ze dat vaker doet, zal ze vroeg of laat eveneens uit zichzelf de eerste verschillen opmerken.

En dat kan haar weer helpen om mensenkennis te ontwikkelen en snel aan te voelen wat er tussen de regels door gezegd wordt. Iemand die dit op een ander niveau heeft geoefend, voelt haarfijn aan wat onzichtbaar is en ongezegd blijft.

Spiritueel tuinieren kort samengevat

- Samen met de kinderen planten met geënergetiseerd water begieten. Onderzoeken of deze planten, waartegen de kinderen ook elke dag vriendelijk praten, beter groeien dan vergelijkbare planten die gewoon leidingwater krijgen en genegeerd worden. Zo'n experiment kan ook met verschillende muzieksoorten worden gedaan.
- Twee glazen potten met schroefdeksel met gekookte rijst vullen, op de ene pot 'stommerd' en op de andere 'dank je' schrijven. Een maand lang vriendelijk praten tegen de pot met het positieve symbool en onaardig tegen de andere. Kijk of ook bij jullie de rijst in de ene pot schimmelt en in de andere gaat gisten.
- Tijdens wandelingen in de natuur kunnen de volwassenen oefenen om de straling en energie van verschillende planten te voelen. Vertel de kinderen daar liever niets over, maar laat het ze nadoen, wanneer en hoe ze dat willen. Misschien proberen ze hct licver als hun ouders er niet bij zijn en er niemand kijkt.

Heling van de aarde door kinderkunst

Zoals iedereen weet, gaan we niet zorgvuldig om met de natuur van onze planeet. We kappen bossen, verontreinigen water, lucht en aarde en ruïneren onze eigen leefruimte.

Bij een mens die psychisch en energetisch verzwakt is of onder voortdurende stress staat, raken de stofwisseling en het immuunsysteem het eerst aangetast en dat leidt tot ziekten. Verandert deze mens zijn instelling en verbeteren stofwisseling en energiehuishouding, dan verdwijnt vaak een groot deel van alle kwaaltjes die hij met zich meesleept.

Stel dat het bij Moeder Aarde net zo gaat? Stel dat het, zoals Emoto heeft aangetoond, echt nut heeft om met elkaar rond een door vervuiling aangetast meer te gaan staan en ervoor te mediteren. Als daardoor de zelfgenezende krachten van het water geactiveerd worden, kunnen we de energie van de aarde toch ook stimuleren om haar zelfgenezende krachten te ontplooien?

Misschien is dit, in aanvulling op een andere manier van omgaan met de natuur, een tweede mogelijkheid om de toestand van de natuur te verbeteren.

Emoto plakt briefjes met woorden zoals liefde en dankbaarheid op waterglazen. Waarom schrijven we dat niet ook in hoofdletters of met mooie symbolen op de aarde?

Deze gedachte bracht me op het idee van de heling van de aarde door kunst in het algemeen en in verband met dit boek op heling van de aarde door kinderkunst!

De mogelijkheden zijn oneindig en iedereen kan dit met vrienden of op crèches en basisscholen zelf doen en promoten. Heel eenvoudig zijn steenkringen in de natuur in de vorm van symbolen, bijvoorbeeld een hart of de zon. Ook kleine kinderen kunnen steentjes verzamelen en iets bijdragen aan de steenkring.

We kunnen wortels, mos en boomschors verzamelen en daar in het bos een feeënkasteel mee bouwen, met mooie, in natuurkleuren geschilderde ornamenten op de boomschors.

We kunnen kleine natuuraltaartjes bouwen in de tuin of in het bos.

Uit hout kunnen we symbolen snijden en we kunnen bijzondere plekken in de natuur zoeken waar we ze neerzetten. We kunnen met plaatselijke kunstenaars of beeldhouwers praten over de manier waarop zij buitenkunst creëren. Dat kan overal, of op speciale 'krachtplekken': plaatsen waar de energie van de aarde heel sterk is. Waarom zouden wij zelf niet op een speelse manier buitenkunst kunnen ontwikkelen, samen met de kinderen? Boodschappen voor de aarde in de aarde schrijven, tekenen en bouwen. Als een soort aarde-acupunctuur met positieve boodschappen.

Ik heb weer aan onze allround tekenaar Stefan Stutz gevraagd, of hij een paar voorbeelden kon bedenken om uit te knippen en te versieren met helende motieven, natuurgeesten en elfjes. Gebruik hiervoor waterverf in natuurkleuren of pure, zachte houtskoolstiften. De sprookjesfiguren en de boodschappen waaraan ze uitdrukking geven, kunnen op stenen en oude stukken boomschors worden getekend en zijn uitstekend geschikt om het natuuraltaar mee te decoreren.

Voordelen van het helen van de aarde door kinderkunst:

In plaats van de lege colablikjes en verkreukelde snoeppapiertjes, die veel van onze iets minder bewuste tijdgenoten overal achterlaten, plaatsen we ornamenten van bewuste liefde voor de planeet in de natuur. Misschien helpt het de natuur echt een beetje als ze vooral van kinderen bewuste en liefdevolle aandacht krijgt. In elk geval versterkt het de band van de kinderen met de natuur. Ook krijgen ze er meer waardering voor.

De Vereniging voor Natuurbescherming organiseert natuurfeestdagen. Een vriend van me heeft een weekendworkshop bezocht en organiseert nu zelf natuurfeestdagen voor kinderen.

Wat daar gedaan wordt? Bij het eekhoorntjesspel bijvoorbeeld krijgen alle kinderen tien hazelnoten die ze voor de winter zo moeten verstoppen dat ze deze zelf weer kunnen terugvinden. De kinderen moeten de hazelnoten echter wel zodanig verstoppen dat de muizen ze niet meteen stelen. Drie stelende muizenkinderen worden eropuit gestuurd om stiekem te kijken waar de nootjes begraven worden.

Dan wordt een tijdje iets anders gespeeld, tot in het spel de winter aanbreekt en de eekhoorntjes de eerste twee noten gaan halen. Het is spannend om te kijken wie alle nootjes terugvindt en bij wie de muizen sneller waren.

Twee nootjes worden met opzet achtergelaten, net zoals dat in de natuur gebeurt. Want ook daar groeien nieuwe hazelnootstruiken uit de vergeten of niet teruggevonden noten.

Bij een ander spel lopen de kinderen zwijgend langs een klein pad, terwijl ze letten op alle voorwerpen die daar liggen en die niet in het bos thuis horen. Ze vinden daar van alles, zoals scharen, een sleutelbos of zelfs plakband.

Aan het eind van het pad wordt gevraagd wie er hoeveel voorwerpen heeft gezien, waarna ze natuurlijk weer verzameld worden. Daarna worden de 'stoute trollen' (bijvoorbeeld takken of wortels) gezocht, die deze spullen hebben laten slingeren. Het wordt een wilde jacht door het bos, tot de trollen gevonden zijn.

Ook natuurpaden speciaal voor kinderen zijn steeds meer in opkomst. Bospaden voor kinderen waar ze kunnen spelen en leren. Er zijn kastelen voor boselfjes met brievenbussen waarin de kinderen hun wensen voor de natuur kunnen gooien. Paden waarop de kinderen op blote voeten over verschillende ondergronden kunnen lopen (sparappels, stenen, mos, houten boomstammen enzovoort, elke ondergrond voelt anders aan) of kleurig geschilderde wormgaten in oude boomstammen. In elk geval is er altijd veel te ontdekken in het bos.

Zangspelletjes

Als je met een vioolstrijkstok over een met poeder bestrooide metalen plaat strijkt of deze met een stemvork aanraakt en daardoor laat trillen, ontstaan er verschillende klankfiguren in het poeder. De vorm van deze klankfiguren in het poeder hangt af van de frequentie, dat wil zeggen van de toonhoogte.

Pythagoras schijnt de volgende uitspraak te hebben gedaan: 'Wie de wetten van het ritme kent, kan materie via de geest regeren. Want elke rots is tot steen verworden muziek.'

Dat wordt nog duidelijker als we naar de mandala kijken die al duizenden jaren in het Oosten wordt gebruikt om het woord 'OM' af te beelden.

Als we het woord OM in een elektronische transmitter spreken, vormen de geluidsgolven – op dezelfde manier als bij het poederexperiment, alleen iets gedifferentieerder – eveneens het patroon van de mandala

OM-mandala

Dit betekent niets anders dan dat we ook met onze stem invloed kunnen uitoefenen op trillingsfrequenties en op de kleinste structuren van materie.

Met een aantal oudere kinderen kunnen we een zangspel doen. Eerst krijgen ze de opdracht om zo te zingen of te neuriën dat het vrolijk klinkt. Als iedereen vrolijk gezongen heeft, kunnen ze andere gevoelens door te zingen duidelijk maken, zoals zwaarmoedigheid, angstig zijn, vrij voelen, sterk en krachtig voelen, gevangen voelen, liefdevol zijn. Ze kunnen doen alsof ze zingen voor een baby, voor oma en opa enzovoort.

Als dat goed lukt en iedereen de verschillen heeft gehoord, mag een kind een gevoel kiezen, dit opschrijven of in het oor van zijn moeder fluisteren als hij nog niet kan schrijven; daarna zingt het kind dit gevoel. Dat kan door middel van een lied of alleen door 'lala' en 'tidelie' te zingen. De andere kinderen proberen het gevoel te raden.

Ter afsluiting kunnen alle kinderen in een kring gaan zitten, elkaars hand vasthouden en samen een lied zingen of neuriën over liefdevolle vriendschap, gezondheid of iets anders wat de kinderen bedenken.

De verbondenheid vergroot het effect en de energie en zo leren de kinderen dat samen iets doen kracht geeft.

Er bestaan cd's van Henry Marshall met mooi gezongen mantra's bedoeld om mee te zingen. Je kunt proberen of de kinderen dat leuk vinden. Zonder (verstaanbare) tekst is het vaak makkelijker om een bepaald gevoel alleen met behulp van de stem uit te drukken. Anderzijds beginnen oudere kinderen juist vervelend te doen als ze de tekst niet begrijpen en ze het 'te sacraal' vinden klinken.

Je kunt ook gewoon een melodie improviseren en zingen met willekeurige klanken. Dat doen kleine kinderen graag, oudere kinderen generen zich daarvoor. Dan helpt de suggestie wellicht dat ze spelen dat ze een beroemde entertainer zijn. Het spel heet gewoon: wie het beste zonder woorden kan zingen en gevoelens kan uitdrukken – dit kind krijgt een prijs (de anderen moeten fruit voor hem snijden, thee inschenken of iets dergelijks, als het maar geen snoepjes zijn☺).

De kracht van de stem van moeder

Ook zonder te zingen kun je als moeder je kind een geschenk voor het leven meegeven. Deze tip heb ik van het Tomatis-instituut en ik ben er helemaal enthousiast over:

Je hebt een opnameapparaat en een goede micro foon nodig. Vervolgens spreek je een mooi verhaal voor je kind in. Je kind mag, maar hoeft niet bij het voorlezen te zijn. Het is ook goed als je aan het betreffende kind denkt. EN: elk verhaal moet voor elk kind apart voorgelezen worden, omdat de toon van je stem de verhouding tussen jou en je kind uitdrukt en deze tussen jou en ieder kind anders is, ook al hoor je als moeder dit verschil nauwelijks. Maar zelfs al is het onhoorbaar, dan is het toch voelbaar voor je kind.

Deze cd (cassette, mp3-bestand of wat dan ook) kopieer je, waarna je je kind het origineel geeft en je de kopie zelf bewaart. Wanneer je kind zich een keer niet zo goed voelt en moeder er niet is, omdat het kind misschien al 55 jaar is, of het kind studeert aan de universiteit en gaat gebukt onder tentamenstress, dan kan het via deze opname naar de stem van zijn moeder luisteren en hoort het hoe ze hem als klein kind liefdevol een bijzonder mooi verhaal heeft voorgelezen.

Hoe kleiner het kind bij het voorlezen is, des te zuiverder de energie waarmee de moeder voorleest. Als het kind dat tien of twintig jaar later hoort, zal het indirect herinnerd worden aan zijn eigen zuiverheid en de essentie van zijn ziel. Bovendien zal het zich snel net zo getroost en geborgen voelen als in zijn kinderjaren, toen mama nog welterusten-verhaaltjes voorlas.

Enorm geschikt voor dit voorlezen vind ik het verhaal *'Ik ben het licht'* van Neale Donald Walsch. Dit verhaal doet het altijd goed, ook als je het hoort als je 95 bent.

Mijn eigen kinderen heb ik natuurlijk ook *'Den Wunschfänger-Engel'*, dat ik zelf heb geschreven, voorgelezen. En ik heb gemerkt dat het heel anders klinkt als ik het verhaal aan mijn lezers in het algemeen, of aan mijn dochter of mijn zoon voorlees. Het was voor mij als moeder ook een spannende ervaring.

Energieën voelen en innerlijke beelden zien

De meeste spelen in dit hoofdstuk, behalve het laatste spel, zijn voornamelijk geschikt voor kinderen van drie tot zes jaar.

Een spel is bijvoorbeeld boeken voelen: je pakt daarvoor verschillende boeken uit de boekenkast (Pippi Langkous, een computernaslagwerk, een medisch boek, een puzzelboek enzovoort) en legt een van de boeken in het midden. Over het boek leg je een doek, zodat het niet zichtbaar is.

Nu houdt het kind – of de kinderen – zijn handen erboven en beschrijft hoe het boek aanvoelt.

Belangrijkste spelregel: alles is goed!

Ik heb het spel een keer met een vriend gedaan en kreeg bij een van de boeken de beelden *'sjamaan'* en *'beer'*. Het bleek een computernaslagwerk te zijn, waardoor ik in eerste instantie teleurgesteld was. Mijn vriend was echter razend enthousiast: hij kende de auteur, die van indiaanse afkomst was. Deze auteur was sjamaan en zijn krachtdier was de beer. Maar zijn geld verdiende hij hoofdzakelijk met computerboeken.

Vertel je kinderen dat je nooit kunt weten waar een gedachte, een beeld of een gevoel vandaan komt.

Soms heeft het kind geluk en neemt het een niveau waar dat direct met het boek in verband staat. Dat is natuurlijk heel fijn. Alle andere waarnemingen zijn ook goed!

Als je helderziendheid wilt oefenen, gaat het net zo: ook dan moet je eerst allerlei beelden toelaten en uitspreken, anders dring je nooit tot de duidelijke beelden op het gewenste niveau door. Dus: het is altijd een goede oefening om je fantasie te gebruiken! Vaak wordt degene die in eerste instantie schijnbaar de meest overdreven fantasieën heeft, later de beste helderziende.

Ontstaat er echter competitie of ontaardt het spel in niets anders dan boeken raden, dan zou ik nagaan of iedereen nog wel plezier in het spel heeft. Anders is het misschien beter het spel af te breken en iets anders te doen.

Toen we met een kleine groep bij mij thuis waren voor een aantal mediamieke proeven, hebben we een aantal experimenten van het PEAR Lab van de Princeton universiteit in New Jersey in de VS uitgeprobeerd (maar dan niet professioneel maar op eenvoudige, speelse manier). Het PEAR laboratorium onderzoekt de mogelijke mediamieke aanleg van doorsnee mensen en ze hebben veel leuke 'eso-spelen', die je eventueel enigszins kunt aanpassen.

In onze groep gooide één persoon bijvoorbeeld een dobbelsteen en concentreerde een ander zich erop dat de dobbelsteen alleen op de getallen 1-3 of op de getallen 4-6 zou vallen. Degene die gooide hield zelf op een lijst bij of hij een laag of hoog getal had gegooid. Er werd telkens honderd keer gegooid, daarna was de ander aan de beurt. Degene die op dat moment het 'medium' was, concentreerde zich en zag met zijn innerlijke oog of de dobbelsteen veel of weinig ogen zou vertonen.

Daarna controleerden we of het was gelukt om het dobbelresultaat mentaal te beïnvloeden. Je kunt het experiment ook alleen doen, maar ook dan kun je beter opschrijven waarop je je gaat concentreren, om te voorkomen dat je jezelf in de maling neemt.

Het kan een extra uitdaging zijn om het eens met een twaalfzijdige of twintigzijdige dobbelsteen te doen. Deze zijn voor weinig geld in speelgoedwinkels te koop. Met zo'n dobbelsteen concentreer je je gewoon op de getallen 1-10 of op 11-20.

Als je een dergelijk spel met kinderen speelt, is het belangrijk om ze te vertellen dat mediamieke krachten het best gedijen als er niet over opgeschept wordt en dat ze zich, als ze resultaat hebben, niet beter dan anderen moeten voelen. Hoe ijdeler men wordt en: 'Nana, jij kunt het niet' roept, des te sneller raakt men deze gave weer kwijt.

Spiritueel begaafde of helderziende kinderen die arrogant worden, ontwikkelen veel minder vaak genezende krachten. De energie van de genezende kracht wordt alleen gegeven aan en blijft alleen bij degenen behouden die deze kracht liefdevol delen en aan anderen leren. Zij mogen andere kinderen nooit het gevoel geven dat ze minderwaardig zijn, omdat ze minder helderziend zijn. Kinderen die niet helderziend zijn, hebben andere vaardigheden die net zo waardevol zijn.

Wie het bijzondere in iedereen ziet, kan ook bijzondere krachten krijgen. Degene met een te groot ego zal het beste deel van deze krachten weer kwijtraken. Dit is een van de belangrijkste boodschappen die je een kind met een opvallend helderziend talent moet meegeven.

Heeft je kind deze boodschap ter harte genomen, dan hoef je je geen zorgen te maken. Blijft het echter in zijn ego vastzitten, dan zal het problemen krijgen.

Waarneming op afstand is ook een grappig spel. Je kind zoekt een partner, ze gaan tegenover elkaar zitten, houden elkaars handen vast en wisselen positieve energie en liefde uit. Als ze in het begin niets voelen kunnen ze het door middel van een tekening proberen. Dan krijgen de kinderen allebei een tekenblok en stiften, ze (volwassenen mogen ook meedoen) gaan naar verschillende kamers, proberen de energie van de ander nog een keer in zich op te nemen, denken aan de liefde die ze hebben gevoeld en beginnen te tekenen. Na afloop worden de tekeningen vergeleken en wordt gekeken of er gemeenschappelijke kenmerken te ontdekken zijn, zoals dezelfde kleuren of vormen.

Een variant voor een groep kan zijn om een ansichtkaart (afbeeldingen van de natuur functioneren heel goed, blijkbaar is de energie daarvan het zuiverst en ook voor beginners te ontvangen) in een envelop op tafel te leggen. Iedereen probeert de sfeer van de ansichtkaart in zich op te nemen en tekent deze na.

Om de ansichtkaart positieve energie te geven, kan deze op een liefdevol vormgegeven verhoging worden gezet of er kunnen bloemen of kaarsen omheen worden geschikt. Vaak lukt het de kinderen dan beter om zich in de kaart in te leven. Een andere variant is de onderzetters kopiëren, uitknippen en omgekeerd op tafel leggen, waarna de kinderen het gevoel mogen beschrijven dat van de onderzetters uitgaat. Hoe voelt het als ze hun hand erboven houden? Je kunt er ook een onderzetter met negatieve energie tussen leggen en nagaan of de kinderen deze onderzetter van de positieve onderzetters kunnen onderscheiden.

'Oordeel pas over iemand, als je een maand lang zijn mocassins hebt gedragen', luidt een wijs indiaans spreekwoord.

Het volgende spel is geweldig om met oudere kinderen te doen. Er spelen telkens twee kinderen samen. Eén kind loopt voorop, heel normaal, zoals het altijd loopt, en het tweede kind loopt op een meter afstand achter hem aan, terwijl hij de loop en de manier van bewegen van het eerste kind zo goed mogelijk probeert te imiteren.

Na een paar rondjes door de tuin of de woonkamer vraag je: 'Hoe voel je je, als je zo loopt?'

Let op: je moet hier niet te veel van verwachten. In

het begin en bij kleinere kinderen komen er voornamelijk antwoorden als 'goed', 'heel goed', 'oké' of 'weet ik niet'. Plezier hebben de kinderen toch wel en ook al kunnen ze nog niet goed formuleren, ze nemen toch iets op. Het is belangrijk om ze de mocassin-filosofie te vertellen. Misschien kun je na het spel met ze gaan zitten en vragen: 'Is er iemand op school, in de buurt of in je familie van wie je denkt dat je misschien beter met hem overweg zou kunnen, als je beter begreep waarom hij zich zo gedraagt?'

Interessante gesprekken kunnen volgen, vooral bij kinderen die op de basisschool zitten.

Je kunt ook in de mocassins (of schoenen) van een ander staan (of zitten). Eén kind gaat in zijn eigen favoriete houding zitten of staan. Alle andere kinderen doen die positie zo nauwkeurig mogelijk na en beschrijven hoe ze zich daarbij voelen. Het is daarbij de bedoeling om een ander zo natuurgetrouw mogelijk te imiteren en te kijken wat je daardoor over hem te weten komt.

Kinderen vinden dit soort spelletjes leuk, omdat ze aandacht krijgen en zich belangrijk voelen.

Dat kun je op een grappige manier ook in de dierentuin doen. Ga met je kinderen naar de dierentuin (op een dag dat er niet veel bezoekers zijn) en doe voor de kooien de dieren zo precies mogelijk na. Beweeg je hoofd en je lichaam zoals de dieren dat doen. Imiteer hun manier van bewegen. Vogels bijvoorbeeld bewegen hun kop snel en schoksgewijs, maar doen dit op een zachte, lichte manier.

Als het een kind lukt om een dier goed te imiteren, dan komt dit dier vaak heel dichtbij om de nieuwe 'soortgenoot' nader te bekijken.

Het is ook mooi om de kinderen te vertellen dat

de dieren naar ze toe komen, omdat ze zich begrepen voelen. Ook dieren zoeken nabijheid en vertrouwen. Dat hebben ze blijkbaar met mensen gemeen.

Toen we bij ons thuis met de dobbelstenen hadden gespeeld en op afstand waarnemen hadden geoefend, deden we ook een groepsmeditatie. De meditatie was erg kort en eenvoudig. We zijn gewoon met zijn allen in een kring gaan staan en hebben elkaars handen vastgepakt. Met zijn tweeën hebben we de meditatie geleid: 'Sluit je ogen en voel de adem, zoals die op dit moment door je lichaam stroomt. Stel je voor dat je met deze lucht ook licht en liefde inademt en dat daardoor je hele lichaam wordt gereinigd, zodat er alleen nog licht en liefde in je cellen overblijven.

Nu stel je je voor dat je hart een mooie, lichte energiebal vormt. Deze bal geef je al je liefde, zoveel als je kunt. En als de bal heel groot is geworden, stuur je deze bal met liefde naar alle anderen in de kring. Je wenst iedereen in de kring licht en liefde in zijn leven.' Daarna mocht iedereen in de kring vijf andere deelnemers omarmen en toen was de oefening klaar.

Het grappige was dat mijn gezondheidstherapeut van tevoren bij iedereen het energetische peil had gemeten. Ben je gezond en helemaal in je centrum, dan staat de graadmeter op nul, wat maar heel zelden voorkomt. Lijd je aan een acute ziekte en ben je heel erg uit je centrum, dan kan de maximale afwijking negentig graden zijn.

Onze groep van dertig personen had een afwijking tussen dertig en vijf graden van de optimale waarde. Na de korte en eenvoudige meditatie in de kring, inclusief handen vasthouden, liet iedereen zijn energetische peil opnieuw meten. Het bleek dat deze bij iedereen was verbeterd (van 23 naar twee graden, van vijftien naar zeven enzovoort). Een mooi resultaat van een eenvoudige gezamenlijke oefening!

Kinderen kun je vertellen dat door elkaar te omarmen het immuunsysteem versterkt wordt, wat ook zo is, en dat mensen sneller gezond worden als iemand voor ze bidt. Iets dergelijks doe je ook als je elkaar veel licht en liefde stuurt en wenst. In groepsverband voelt men zich sterker en beter.

Onnodig om de kinderen te vertellen, maar interessant voor volwassenen, is dat er zelfs onderzoeken aan universiteiten zijn gedaan die aantonen dat patiënten waarvoor studenten bidden een voorspoediger ziekteverloop kennen. De verbetering van de gezondheid ontstaat trouwens zonder dat de patiënten weten dat er voor ze gebeden wordt.

Misschien interessant om te vertellen aan ouders die je wilt motiveren om mee te doen ☺.

Bijzonder geschikt voor kleuters

Je kunt een kind in het midden van een kring zetten, waarna de andere kinderen met hun handen heel veel energie naar hem toe scheppen, terwijl ze zijn naam roepen. Dit is een oefening om het kind kracht en zelfbewustzijn te geven.

De filosofie daarbij voor oudere kinderen: wie veel en onbaatzuchtig kan geven, die zal ook veel terugkrijgen!

De tweede oefening verloopt heel rustig: alle aanwezigen houden hun handen naar de hemel gericht, laten ze dan al vingertokkelend (energetische gouden regen) zakken en ze stellen zich daarbij voor dat ze licht en liefde op het kind laten regenen. Iedereen zegt hardop: ‘licht, liefde en zegen voor jou’ (of iets dergelijks).

Het kind mag zeggen welke oefening het prettiger vond, of dat het beide de oefeningen even prettig vond. In elk geval stralen de kinderen door zoveel liefdevolle aandacht. Het ene kind kan weliswaar enigszins verlegen reageren, terwijl het andere gilt van plezier (dit lukt overigens ook bij heel kleine kinderen), maar juist de verlegen kinderen zullen er thuis vaak nog dagenlang over vertellen ☺.

Energie voelen kort samengevat

- Boeken onder een doek verstoppen, één hand erboven houden en de energie van het boek voelen en beschrijven.
- Het resultaat van dobbelstenen gooien mentaal beinvloeden. Je concentreert je op de hoge getallen 4-6 of op de lage 1-3. Degene die gooit houdt een afstreeplijst bij en na honderd keer gooien kijken jullie of het gelukt is om het resultaat te beïnvloeden.
- Waarnemen op afstand kun je speels oefenen met ansichtkaarten waar een afbeelding uit de natuur op staat. De ansichtkaart waarmee gespeeld wordt, zit in een envelop. Het kan ook met omgekeerde onderzetters. Ook groepjes van twee kunnen via hun handen en hart energetisch contact maken en daarna onafhankelijk van elkaar een tekening maken. Er wordt dan gekeken naar gemeenschappelijke kenmerken.
- In groepen: twee kinderen houden hun handpalmen tegen elkaar en zwijgen. Als er gesproken wordt lukt het niet, dan kun je beter stoppen en iets anders proberen dat beter bij de sfeer van dat moment past. Dwingen is nooit goed. Als het lukt en iedereen is stil, dan kunnen de kinderen elke twee minuten van partner wisselen en aan het eind van het spel vertellen welke verschillen ze bij de diverse partners hebben gevoeld.
- In de mocassins/schoenen van de ander lopen of staan: hoe voelt het als je net zo loopt of staat als een ander kind?
- Bewegingen van dieren in de dierentuin nadoen en kijken welke dieren erop reageren door heel dicht naar het hek te komen.

- Met elkaar knuffels vasthouden en samen licht en liefde naar iedereen in de groep sturen. Na afloop bespreken of iemand zich beter voelt dan daarvoor. Hoe voelt het aan? Je kunt een kind ook in het midden van een kring zetten, waarna de andere kinderen het licht en liefde sturen. Het kind in het midden mag na afloop zeggen of het goed aanvoelde (verwacht geen gedetailleerde beschrijving, kinderen vinden 'goed' meer dan voldoende).

Geschikt voor kleuters

- Een kind staat in het midden van de kring en de andere kinderen scheppen met hun handen heel veel energie naar hem toe en roepen daarbij zijn naam.
- Iedereen houdt zijn handen naar de hemel gericht en laat ze dan al vingertokkelend zakken met de woorden licht, liefde en zegen voor jou!

Welterustenrituelen vanaf de geboorte

Hoe zien welterustenrituelen van volwassenen er meestal uit? Ze kijken naar misdaadseries of flauwekul op de televisie en gaan met deze laatste indrukken slapen. Vera Birkenbihl schrijft in 'Stroh im Kopf, Gebrauchsanleitung fürs Gehirn' dat ons onderbewustzijn zo'n 750.000 keer groter is dan ons bewustzijn.

Een fantastisch idee om met je onderbewustzijn vol vreselijke beelden te gaan slapen en deze beelden 's nachts uitvoerig op je te laten inwerken...

Hoewel er onder de lezers van dit boek vast weinig aanhangers van deze slaap-slecht-en-vergroot-je-depressie-techniek zullen zijn, is het misschien toch goed om het eigen welterustenritueel nog eens te overdenken. Voor het slapen gaan is het onderbewustzijn heel toegankelijk, de laatste indrukken zijn het verst en werken daardoor de hele nacht door. Het onderbewustzijn is daarnaast, vooral als het tijd is om naar bed te gaan, niet meer zo goed in staat te onderscheiden wat echt en wat fantasie is. Elke suggestie heeft op dit moment een bijzonder sterk effect.

Met het oog hierop kunnen we een welterustenritueel voor ons en onze kinderen bedenken, waarmee we:

- Het positieve in het kind, respectievelijk in onszelf op een liefdevolle manier versterken.
- Opgekropte problemen van overdag verminderen en in het ideale geval oplossen.
- Energie van licht en liefde opbouwen en deze ook aan anderen doorgeven (een moderne vorm van het avondgebed waarbij anderen betrokken worden).

Het positieve op liefdevolle wijze versterken

Voor volwassenen is er de techniek van het transformatiedagboek, waar ik in mijn workshops en lezingen vaak dieper op in ga.

Je neemt in de laatste tien minuten voordat je gaat slapen, in gedachten of op papier, de dag door en je corrigeert alles wat niet zo goed bevallen is. Dat betekent dat je voor die situaties iets bedenkt of opschrijft wat achteraf gezien de beste oplossing was geweest. Na een ruzie met je oma, die overal op zat te vitten, zou deze aantekening er als volgt uit kunnen zien: 'Toen oma op me zat te mopperen raakte ik niet van slag, ik concentreerde me op mijn eigenwaarde en vroeg mijn oma op respectvolle toon om haar wensen positiever te formuleren,' of iets dergelijks.

Zo'n techniek is voor kleine kinderen natuurlijk te ingewikkeld. Maar je kunt als ouders er wel over nadenken, waar je de afgelopen dag erg blij van werd en dat ook tegen je kinderen zeggen:

'Toen Lara zo huilde en jij haar kwam troosten en haar je pop leende, waardoor ze zich weer beter voelde, was ik daar heel blij om. Iedereen vond je toen zo lief. Lara stopte ook snel met huilen en was getroost.'

'Je hebt me vandaag erg geholpen, toen je het met me eens was. Ik ben heel blij dat ik zo'n lief kind als jij heb.'

Marshall Rosenberg, de ontdekker van de geweldloze communicatie schrijft dat dankbaarheid een grote brandstof- en energieleverancier voor elk mens is.

We hebben volgens Rosenberg echter ook het bedanken verleerd. Een voorbeeld om dit zelf te voelen is om na te gaan hoe je je voelt als iemand tegen je zegt:

'Dank je wel dat je je werk zo uitstekend doet, dit doet niemand beter dan jij!'

Ervaar wat deze zin voor je betekent. Wat roept het op, behalve blijheid en trots? Misschien ook wel een zekere prestatiedruk en concurrentiestrijd en angst om niet altijd aan zulke hoge eisen te kunnen voldoen?

Hoe voelt het als er in plaats daarvan tegen je wordt gezegd:

'Toen je dat deed (activiteit precies beschrijven) was ik heel blij. Ik voelde me opgelucht, dankbaar en geïnspireerd. Je hebt mijn behoefte om iemand anders te kunnen vertrouwen en iets aan hem over te laten niet beschaamd.'

Wauw, dat klinkt heel anders, of niet soms?

Volgens Marshall Rosenberg geeft dankbaarheid de meeste kracht en energie als er aan drie punten is voldaan:

1. Observatie:
   Beschrijf nauwkeurig wat de ander heeft gedaan, waarvoor je dankbaar bent.
2. Gevoelens:
   Beschrijf de positieve gevoelens die je daarbij had.
3. Vervulde behoeften:
   Zeg tegen de ander aan welke behoefte van jou hij met zijn daad tegemoet is gekomen.

De basisbehoefte van alle mensen is om goed voor anderen te zijn. Als we horen hoe we een ander helpen, welke behoefte we daarmee vervullen en hoe blij hij daarmee is, geeft ons dat heel veel energie.

Observeer je kleuter eens, als je hem op deze manier aan het eind van de dag voor iets bedankt. Met een gelukzalige uitdrukking op hun gezicht zullen de kleintjes luisteren. Bij kinderen kun je nog zien HOE gelukkig dit soort dankbaarheid hen maakt. Mijn kinderen zingen zich daarna vaak tevreden in slaap. Je hoort aan de toonhoogte hoe goed het met ze gaat. Ze voelen zich geaccepteerd en welkom in het leven.

En – last but not least – versterk je de eigenschap om goed voor anderen te zijn bij hen. Dergelijke gevoelens, die ze bovendien aan het eind van de dag voordat ze in slaap vallen hebben, vergeten ze niet zo snel. Het is een positieve impuls, die ze op heel natuurlijke wijze hebben gekregen. Dus zullen ze vaker proberen om zich zo te gedragen, als dit ertoe leidt dat iedereen zo blij is.

Steve Biddulph, de auteur van de bestseller *Het geheim van een blije opvoeding*, noemt dit soort inputs 'hypnotische boodschappen'. Zeg vaak en vooral op knusse momenten, zoals voor het slapen gaan, tegen je kind dat je van hem houdt en dat het lief is, en het zal lief zijn.

Gebruik je in de omgang met je kind daarentegen woorden zoals 'stommerd', 'idioot' of 'zeurpiet', dan krijg je stommerds, idioten en zeurpieten. Onze kinderen geloven alles van ons en onze woorden werken als versterkers van het positieve of negatieve potentieel dat ze op dat moment hebben. Laten we dus liever het positieve versterken.

Dat lukt overigens ook bij pasgeborenen. Ze nemen de energie van wat er wordt gezegd op, ook al begrijpen ze de woorden nog niet. Als je goed kijkt, zul je merken dat ze heel aandachtig luisteren als je ze ergens voor bedankt of je waardering uitspreekt voor een positieve eigenschap die je blij maakt.

Opgekropte problemen van overdag verminderen en in het ideale geval oplossen

Natuurlijk heeft elk mens en ook elk kind negatieve kanten. Peter Blug, een adviseur op het gebied van levensvragen, vertelde me ooit dat er twee manieren zijn om te leven. De motor voor onze handelingen is òf onvoorwaardelijke liefde òf een krijgstocht waarvan we ons vaak niet eens bewust zijn. Het gaat dan om onderdrukte woede en opgekropte gevoelens, die een uitweg zoeken en vorm krijgen door onbewuste wraakacties.

Wat hiertegen helpt is jezelf en anderen steeds weer alles vergeven, zodat er ruimte ontstaat en de onvoorwaardelijke liefde zich weer kan ontplooien.

'Ik vergeef Dennis alles wat hij me ooit heeft aangedaan en ik vraag Dennis om vergiffenis voor alles wat ik hem ooit heb aangedaan.'

Met dergelijke zinnen kan een probleem van de afgelopen dag goed afgesloten worden en kun je opgelucht gaan slapen. Boosheid bindt je zowel emotioneel als fysiek aan de betreffende persoon. De situaties die boosheid opwekken zullen onvermijdelijk steeds vaker optreden – door deze informatie vergeven kinderen snel de betreffende personen, want tenslotte willen ze niet langer met die persoon verbonden zijn.

Conflict- en stressbeheersing met behulp van energiespelen

Vandaag ging het er bij ons thuis heftig aan toe. Mijn partner was er achter gekomen, dat hij door iemand is opgelicht.

Manfred was daar zo woedend over dat hij na het bewuste telefoongesprek de hoorn zo hard op de haak knalde, dat de telefoon stuk ging. Toen was hij ook nog razend op zichzelf. De kinderen waren behoorlijk geschrokken en het had mij ook veel energie gekost.

Toen ik de kinderen naar bed bracht, was ik op een bepaald moment zo moe dat ik iets moest doen. Ik probeerde het eenvoudigste middel, strekte mijn handen naar de hemel en zei tegen de kinderen dat de woedeaanval van papa me energie had gekost en dat ik me moest opladen, zodat ik me weer goed zou voelen. Liefde, licht en energie voor mama Bärbel, riep ik naar de hemel en toen ik voldoende prikkeling in mijn handen had, deed ik ze weer langzaam omlaag en liet ik mijn vingers op tien centimeter afstand langs mijn hele lichaam glijden. Nu laat ik liefde, licht en energie in mijn lichaam stromen, zei ik tegen de kinderen.

Ik vroeg mijn kinderen of ze dat ook wilden hebben, wat ze allebei onmiddellijk duidelijk beaamden.

Dus strekte ik mijn handen weer omhoog, dit keer niet boven mij, maar boven het eerste kind en zei daarbij hardop: 'Liefde, licht en energie voor...' Daarna hield ik mijn handen vingertokkelend boven het kind en liet ze daarna langs zijn lichaam naar beneden glijden. Mijn kind straalde. Hij vond het geweldig en zijn tweelingzusje protesteerde meteen vanuit haar bedje (mijn kinderen zijn net drie jaar geworden): 'Mama, ik wil ook. Je moet ook naar mij komen...'.

Zo liep ik een hele tijd tussen de twee bedden heen en weer en stuurde afwisselend mezelf en de kinderen liefde, licht en energie. Het was belangrijk om ook zelf telkens weer aan de beurt te komen, zodat de energie die ik aan mijn kinderen doorgaf zo zuiver mogelijk was en niet was vervuild met mijn energetische afval.

Op een bepaald moment kwam ik op het idee om om vrede te vragen en deze vrede eveneens in de lichamen van de kinderen en mij te laten stromen.

Ik was echt gefascineerd dat de kinderen zo blij waren met dit kleine ritueel, hoewel ik ze niet eens had aangeraakt (deze handeling kan natuurlijk ook met zacht aanraken gedaan worden, en dat deed ik helemaal aan het eind ook).

Nadat we vrede in ons lichaam hadden opgenomen, volgde ook nog gezondheid en nogmaals liefde.

Beide kinderen hadden een verzaligd lachje rond hun mond, als ze aan de beurt waren. Ik was gelukkig en ook blij dat ik hier op tijd aan had gedacht. Zo vredig en ontspannen als ze nu leken, zouden ze beslist rustig in slaap vallen en zoete dromen hebben, ondanks de kapotte telefoon.

En bovendien was, alleen met een beetje creatieve inspanning, uit het slechte gevoel een bijna magisch mooi moment met mijn kinderen ontstaan. Ook dat vond ik geweldig. Ten eerste het moment zelf en ten tweede, omdat de kinderen hadden meegemaakt dat je voor een goed gevoel niet alleen afhankelijk bent van anderen, maar dat je zelf kunt beslissen hoe je ergens mee omgaat.

Ik heb hun vader, die inmiddels al

sliep (hij was tot overmaat van ramp ook nog ziek), speciaal nog even wakker geschud om hem te vertellen dat het weer goed ging met zijn gezin, omdat het op ons allemaal liefde, licht en energie had geregend.

Daarna ging ik naar mijn kantoor om nog een paar e-mails af te handelen. Een kwartier later kwam papa Manfred slaperig aansloffen en mompelde: 'Knuffelen! Ik wil ook liefde, licht en je weet wel ...☺.'

Energie van licht en liefde aan anderen doorgeven

Deze oefening kun je na het tanden poetsen en voor het definitieve naar bed gaan doen. Zoals al eerder vermeld, doet het een mens goed als anderen hem positieve energie sturen. 'Niemand gaat helemaal ten onder zo lang er nog één mens in hem gelooft', zegt Florence Scovel-Shinn (in *The game of life and how to play it*).

Ik heb erover gedacht om licht en liefde naar iedereen van wie we houden te sturen: oma, opa, tante, neven en nichten, vrienden, buren en wie ons nog meer te binnen schiet. Ik ben er echter achtergekomen dat we van zoveel mensen houden, dat we veel te lang bezig zijn als we ze allemaal afzonderlijk moeten noemen. En moest daarom een kortere, voor kinderen geschikte methode om licht en liefde te sturen komen.

Toen kreeg ik het volgende idee: die lieve Stefan (mijn huis- en hoftekenaar) moest voor ons een poster tekenen waarop een grote zon met veel zonnestralen staat. Elke zonnestraal staat vol hartjes en in deze hartjes kunnen we met onze kinderen de namen schrijven van mensen die we licht en liefde willen sturen. Nog beter is, een fotootje van deze personen op de hartjes plakken, zodat de kinderen zich nog beter kunnen inleven.

Om ervoor te zorgen dat er voor de kinderen veel te zien is, mogen er natuurlijk ook lieve engeltjes die van alles aan het doen zijn, tussen de zonnestralen rondvliegen.

Deze poster komt in de kinderkamer te hangen. Het kan een klein avondritueel worden om ervoor te gaan staan en de handen naar de hemel te strekken en om licht en liefde te vragen, die je dan vingertokkelend op de poster met alle geliefde mensen laat regenen. Dat is weer de energetische gouden regen, waar ik zo van houd en waarop een deelneemster aan een van mijn cursussen me ooit attent heeft gemaakt.

Ten tweede kun je je handen op je hart leggen en vanuit jezelf licht en liefde naar iedereen op de poster sturen. Als iemand bijzonder veel liefde nodig heeft, kunnen je kinderen hem een extra, aparte dosis sturen. Dat is leuk en duurt maar dertig seconden. Voor kleine kinderen lang genoeg.

Onze kinderen vinden het altijd heel belangrijk dat de energie tot op de grond regent en ze zingen dan: liefde, licht, lachen. Het lachen hebben ze er zelf bij bedacht. Als Jola een bijzonder goed humeur heeft, krijgt elke foto een extra kusje en dan moet Amos daarna natuurlijk ook nog iedereen kussen. Er wordt in ieder geval elke avond aan iedereen even liefdevol gedacht. Hun opa was erg blij toen we met de digitale camera een foto voor onze licht- en liefdeposter van hem maakten en hem uitlegden waarom we dat deden. Hij vond het een fantastisch idee en bedankte ons dat hij erbij mocht zijn.

De poster is als eenvoudig kopieervoorbeeld achterin het boek te vinden (pag. 120). Groter, mooier, met meer versiering en kleuriger kun je de tekening van mijn homepage www.baerbelmohr.de onder ‘Bücher’ en dan bij ‘Download zu den Lichtkindern’ downloaden. Je kunt de tekening op A4- of A3-formaat afdrukken of bij een kopieerbedrijf voor een nog groter formaat kiezen.

Natuurlijk is ook het klassieke voorlezen en voorzingen mooi en waardevol. Belangrijk naast de keuze van de teksten (ook de liedteksten, die je indien nodig zelf kunt aanpassen) is vooral het aspect van de sfeer en de energie waarmee je de dag wilt afsluiten.

Kinderen leren door nadoen, en net zoals limonade en snoep niet alleen ongezond, maar ook verslavend zijn, werken rampen en geweld ook verslavend, en brengen een negatieve sfeer in je leven.

Veel ouders nemen via nieuwsuitzendingen ’s avonds geweld en negatieve energie op en vinden daarom automatisch dat geweld nu eenmaal bij het leven hoort. Ze vinden het normaal dat kinderen in sprookjes en verhalen ook veel geweld tegenkomen. Ze willen hun kinderen niet wereldvreemd opvoeden, alsof geweld niet bestaat.

Dat is misschien waar, maar het is de vraag of we kleine kinderen al met geweld moeten confronteren, zoals het een paar eeuwen lang gebruikelijk was, of dat we daarin ook mogen veranderen. Ik vind bijvoorbeeld dat er in de sprookjes van Grimm teveel geweld voorkomt. Kinderen raken er net zo aan verslaafd als aan limonade. Als ik ze echter de omgangsvormen van een nieuwe, rijkere maatschappij wil bijbrengen, voorleven en voorlezen, dan moet ik van die oude gewoonte afzien.

En het is echt afzien als je daar, zoals ik, een heel leven lang een aanzienlijke portie van hebt binnengekregen.

Het is beter om agressie in iets anders om te zetten in plaats van dit op anderen af te reageren of jezelf hiermee te beschadigen.

Deze techniek leren volwassenen langzaam door jarenlange persoonlijke trainingen en therapieën. Een kind leert het spelenderwijs en binnen de kortste keren. Hij bezit daardoor een belangrijke vaardigheid voor zijn hele leven.

Ik pleit daarom voor een heel zorgvuldige keuze van voorleesverhalen. Misschien kun je de oude sprookjes met een andere afloop vertellen, zodat kinderen al jong met het idee vertrouwd raken dat er op een andere manier met agressie omgegaan kan worden.

Je hoeft slechts aan een kudde paarden te denken. Alleen dieren van de laagste rang laten hun agressie ongefilterd door. De leider van de kudde herken je altijd; hij is de edelste en superieur aan iedereen. Natuurlijk ergert een leider zich ook wel eens, kun je je kinderen vertellen, maar hij reageert zijn boosheid niet af op zichzelf of op anderen. Hij zet zijn boosheid om en dat maakt hem – zonder enige vorm van machtsstrijd – tot de natuurlijke leider van de kudde. Hij hoeft maar met zijn kop te schudden en iedereen volgt hem graag. Wie om zich heen schopt en woedend hinnikt, geeft daarmee te kennen dat hij niet geschikt is om de kudde te leiden. Deze dieren, die door hun gedrag een lage status hebben, krijgen altijd het laatst te eten. Het is een natuurlijk streven van de kudde als geheel, dat de edelste dieren zich als eerste voortplanten om hen te behouden. Daarom krijgen deze altijd als eerste het beste en komen de anderen pas daarna aan de beurt.

Dit is een goed voorbeeld uit de dierenwereld, dat zeker indruk op elk kind maakt (je kunt zulke voorbeelden nalezen in alternatieve paardenboeken van paardenfluisteraars). Wie wil er nu niet graag de leider zijn die het beste altijd het eerste krijgt? Dat lukt alleen als je hebt geleerd om op een andere manier met je agressie om te gaan!

Zingen is natuurlijk altijd goed. We kunnen via de melodie en onze stem heel eenvoudig positieve en liefdevolle energie overbrengen. Een oude volkswijsheid zegt dat je je rustig kunt vestigen op een plek waar gezongen wordt, want slechte mensen (met een laag trillingsniveau) kennen geen liederen.

Welterustenrituelen kort samengevat

- Dertig seconden licht en liefde zenden aan iedereen van wie we houden. Er mogen ook foto's van de kinderen zelf tussen de andere foto's op de poster hangen. Op die manier sturen de kinderen ook licht en liefde aan zichzelf en zijn ze zelf onderdeel van een positieve gemeenschap.
- Iedereen vergeven die je iets verwijt en met positieve gedachten aan iedereen gaan slapen. Bij een grotere crisis kan het kinderboek van Neale Donald Walsch 'Ik ben het licht' het ideale voorleesvoer zijn.
- Het positieve in het kind versterken doordat je hem bedankt op de manier van Marshall Rosenberg: denk na over wat er gebeurd is en beschrijf je eigen gevoelens en vervulde behoeften nauwkeurig.
- Voorleesverhalen zorgvuldig uitkiezen of zelf bedenken, zodat ze als voorbeeld voor ander gedrag kunnen dienen.
- Tijdens het zingen en voorzingen liefdevolle energie in je stem laten doorklinken. Daardoor is zingen bijzonder positief, harmoniserend en helend voor kinderen.

De kinderen dromen na zulke welterustenrituelen optimaal (natuurlijk hoef je niet elke dag alles te doen, maar doe gewoon wat als gevolg van de sfeer van die avond ontstaat) en worden 's ochtends met een uitstekend humeur wakker. Voor alles en iedereen een goede zaak.

Teambuilding voor kinderen: het ontwikkelen van zelfvertrouwen en zelfacceptatie

Het basisidee voor teambuilding voor kinderen komt van de kindertrainster Melody Pritchard. We hebben de methode een beetje aangepast en in twee delen verdeeld.

Deel een: Groepsspel voor een positief zelfbeeld
Met zijn tweeën ben je ook een team, maar het wordt pas echt leuk als je met meer bent. Het team (alle aanwezigen) zit in een kring en iedereen komt een keer aan de beurt. Iedereen mag het kind dat aan de beurt is, vertellen wat er zo bijzonder aan hem is, wat het goed kan, waarom ze veel plezier hebben als ze samen met dit kind spelen enzovoort.

Tot slot mag het kind zelf ook iets vertellen wat het heel leuk vond (van vandaag of van deze week, iets wat zo actueel mogelijk is) en waarop het bijzonder trots is.

Daarna is het volgende kind aan de beurt en natuurlijk mogen de volwassenen ook meedoen.

Dit spel ontwikkelt door positieve aandacht een positief zelfbeeld en zelfvertrouwen.

Deel twee: Groepsspel om je schaduwkanten te accepteren en te veranderen
Ieder mens heeft schaduwkanten en gedraagt zich soms ook minder aardig. Verdringing hiervan is geen oplossing. Het enige wat helpt is om hierover te praten en ernaar te kijken. Pas dan ben je in staat anders

te reageren.

Tijdens dit groepsspel, dat direct na het eerste spel kan volgen, zegt iedereen wat er vandaag of deze week niet zo goed ging. Je vertelt iets wat je gedaan hebt dat niet alle betrokkenen even leuk vonden of dat iemand zelfs in moeilijkheden heeft gebracht.

Dit idee is afkomstig van de al eerder genoemde Melody. Het is niet de bedoeling dat iemand wordt uitgescholden of dat iemand zijn neus ophaalt, maar dat iedereen als hij over zijn eigen tekortkomingen heeft verteld, een applaus van de hele groep krijgt. Eerlijk durven uitkomen voor je negatieve kanten is in elk geval een applaus waard. Bovendien is iedereen een mens en fouten maken is OK. Dat maakt je niet minder sympathiek en daarom krijg je applaus.

Als iedereen aan de beurt is geweest en heeft verteld, volgen er een tot twee minuten stilte. Nu kan elk kind nadenken wat het graag zou veranderen als het in dezelfde situatie terechtkomt, en het stelt zich voor hoe het de volgende keer gaat reageren.

Als een kind erover wil praten of vragen heeft, kan het dat na deze twee minuten doen, wil het kind niet, dan is dat ook goed. Wat je graag wilt veranderen en wat niet, is een heel persoonlijke beslissing. Daar mag niemand zich ongevraagd mee bemoeien.

Je kunt overigens ook peuters mee laten spelen, als je ze een beetje op weg helpt. 'Het was niet zo aardig dat je Daniël met een schep op zijn hoofd sloeg. Hij vond het niet fijn en hij begon te huilen, weet je nog?'

Na de twee minuten stilte kun je een peuter discreet de volgende vraag stellen: 'Wat denk je, wil je Daniël nog een keer op zijn hoofd slaan of zullen we bedenken hoe het is als je hem alleen met een berg zand te lijf gaat?' Reageert het kind afwijzend, laat het dan met rust. Het kind staat open voor verandering als het dat zelf echt wil. Misschien past het kind de volgende keer beter op, of wil het gewoon niet vertellen wat het denkt.

Knuffelspelen

We hebben een tweeling en het is – relatief – duidelijk dat ze geen probleem met lichaamscontact en knuffelen hebben, hoewel er steeds twee opties zijn als een van de twee wil knuffelen. De ander doet vrolijk en uitvoerig mee of zegt: 'Nee, niet knuffelen!' Dan wil die gewoon niet en dat wordt geaccepteerd, want het komt bij allebei voor. Nou ja, laten we het zo zeggen, het wordt meestal geaccepteerd. Onze zoon van tweeenhalf ligt na zo'n afwijzing soms jengelend op de grond: 'Knuffel! Amos Jola knuffelen wil!' Oftewel: 'Knuffelen! Knuffelen! Amos wil met Jola knuffelen! 'Meestal geeft ze op een bepaald moment toe en bukt ze zich voor een kusje. Maar dan is het ook genoeg voor die dag.

Amos is stapelgek op contact en hij knuffelt ook graag met vreemde kinderen, als hij ze lief vindt. Dat kan al na tien minuten zijn. Bij vreemde kinderen zijn er vier soorten reacties die we tot nu toe hebben waargenomen:

- Het kind laat het knuffelen verlegen giechelend toe.
- Het kind knuffelt soms een beetje en soms wat meer terug.

- Het kind zegt: ‘Nee, wil ik niet!’ en schuift hem weg.
- Variant vier is heel anders en komt verrassend vaak voor: het kind spert geschrokken zijn ogen open en kijkt alsof het een spook heeft gezien. Sommige kinderen worden zelfs bang en rennen weg. Anderen pakken de wang die Amos bijvoorbeeld net heeft gestreeld en zijn stomverbaasd en perplex. Ze staan erbij als kleine zoutpilaren en weten niet wat ze moeten doen.

Tijdens de vakantie afgelopen jaar schrok een driejarige jongen hier erg van. Hij stoof weg en liet zich niet meer zien. De volgende ochtend had hij de gebeurtenis blijkbaar verwerkt en een plek gegeven. Hij kwam doelgericht uit zijn tent gemarcheerd, liep op Amos af, sloeg zijn armen om hem heen en legde zijn hoofd op Amos’ schouder. Hij leek te denken: dat is het kind waarmee je kunt knuffelen. Ik heb erover nagedacht en het was toch fijn!

David Niven schrijft in ‘*De 100 geheimen van gelukkige mensen*’ dat een onderzoek aan de universiteit van Noord-Carolina aantoont dat een omhelzing het effect van een stresssituatie op de bloeddruk en de hartslag met de helft kan verminderen.

De hartspecialist Dean Ornish schrijft in zijn boek ‘*Helen met liefde*’, dat menselijke nabijheid het sterkst werkende geneesmiddel van ze allemaal is en zelfs ernstige hartziekten kan verlichten.

Over aanraking in het bijzonder beschrijft hij onder andere een experiment waarbij konijntjes cholesterolrijk voedsel kregen. De helft van de konijntjes werd gestreeld, er werd met ze gespeeld en gepraat, terwijl dat niet gebeurde met de andere helft. Van de konijntjes die aandacht kregen en die veel waren aangeraakt, kreeg de helft zestig procent minder aderverkalking dan degenen die genegeerd werden! Aanraking en liefde zijn blijkbaar paardenmiddelen! Bij te vroeg geboren baby's heeft men vastgesteld, dat ze veel meer in gewicht toenemen en sneller uit het ziekenhuis worden ontslagen als ze drie keer per dag liefdevol worden gemasseerd. Aanraking is als voeding voor deze kleintjes.

De beschreven aspecten in aanmerking nemend, is het wenselijk en ook heel natuurlijk als mensen die elkaar graag mogen of plezier met elkaar hebben, elkaar af en toe even omarmen en knuffelen. Als zelfs kleine kinderen door lichamelijke aanraking van andere kinderen verbaasd en geshockeerd zijn, dan denk ik dat we door de hectiek van onze tijd iets vergeten zijn. En dat heeft zelfs invloed op de allerkleinsten.

Dean Ornish beschrijft in zijn boek een onderzoek van de psycholoog Sidney Jourard. Hij heeft in verschillende landen stelletjes in cafés geobserveerd en heeft geteld hoeveel keer per uur ze elkaar aanraakten. Puerto Rico stond met 180 keer per uur op de eerste plaats. Londen met nul keer per uur op de onderste plaats, terwijl stelletjes in de VS elkaar twee keer per uur aanraakten. Duitsland, Oostenrijk of Nederland stonden er helaas niet bij. Ik vermoed echter dat we allemaal ver achter liggen op Puerto Rico ☺.

Hoe kunnen we lichamelijke afstandelijkheid veranderen, zonder het gevoel te hebben elkaar dwangmatig te moeten knuffelen?

Wat Steve Biddulph in *Het geheim van een blije opvoeding* over extreem verlegen kinderen schrijft, spreekt me aan. De titel van het boek is al een geheim, waaruit blijkt dat geluk tot de geheimen in plaats van tot de wetenschap behoort ☺. Biddulph schrijft dat niemand iets opgedrongen moet worden als hij dat niet wil. Hij raadt aan dat je van elk kind mag verlangen dat het zijn medemensen met een kort hallo begroet en hen daarbij in de ogen kijkt.

Hij raadt aan om niet te tolereren dat het kind zich achter mama verstopt, niemand aankijkt en niemand gedag zegt. Het kind ontzegt zichzelf daarmee een belangrijk sociaal aspect van zijn leven. Hallo zeggen en oogcontact hebben duurt twee seconden en is het minste dat iedereen kan volbrengen. Het is wel toegestaan dat hallo zeggen en oogcontact hebben op vijf meter afstand en zonder handen schudden plaatsvindt, de hoofdzaak is dàt het plaatsvindt.

Als dit groeten heeft plaatsgevonden, dan is er automatisch een minimale relatie met de persoon ontstaan en vanaf dat punt is contact krijgen of een gesprek beginnen veel eenvoudiger. Als het kind dit daarentegen niet zou doen, ontwikkelt zich in de loop der jaren een steeds grotere barrière en vervreemding van andere mensen. Dit zou kunnen leiden tot een probleem in de omgang met anderen.

Een stap verder in het leggen van contact is er knuffeldieren en poppen bij gebruiken. Doordat een pop een ander ontmoet en hem knuffels en kusjes geeft en de tweede pop blij is en de knuffels beantwoordt, wordt aan kinderen gedemonstreerd hoe leuk dat kan zijn. Belangrijk: het kind moet duidelijk weten, dat het altijd vrij is om over zijn eigen lichaam te beslissen en wie het mag aanraken. In het poppen- en knuffeldierenspel kan een knuffeldier daarom ook zeggen: ‘Nee, dank je, ik wil vandaag niet knuffelen.’ (Belangrijk! ‘Nee, dank je’ heeft een heel andere lading als ‘Nee, wat stom!’) Dan buigt het eerste knuffeldier en wandelt vrolijk naar het volgende knuffeldier. ‘Ik wil zo graag knuffelen, wil jij met me knuffelen?’ En deze knuffel wil dat wel.

Dan kan het knuffeldier aan een kind vragen: ‘Geef jij me een kusje? Wil je me aaien?’ De drempel om een knuffeldier te aaien is meestal niet hoog. Het begin kan zijn dat iedereen een kusje van knuffeldier en pop krijgt en dat alle poppen met elkaar knuffelen. Spelenderwijs kun je de kinderen op een bepaald moment vragen: ‘Willen jullie elkaar ook strelen? Waar dan? Op je arm, hoofd, hand?’ Laat het aan de kinderen over om een beslissing te nemen en houd je aan wat ze zeggen. Dan zullen ze op een bepaald moment verder durven te gaan of heel plotseling, zonder er veel over na te denken, eens vaker een ander kind aanraken of een arm om hem heen slaan. Dan begint het grote genieten: knuffelen en liefkozen, hoera!

Een arm om iemand heen is positief voor de gezondheid en versterkt de menselijke nabijheid. En dat heeft weer te maken met geluk en plezier in het leven en ook heel veel met gezondheid.

Waarschijnlijk is 'het knuffellaantje' daarom zo populair tijdens workshops. Ik weet jammer genoeg niet wie dit ooit heeft bedacht, maar ik heb dit al tijdens verschillende workshops meegemaakt en heb het soms zelf ook tijdens mijn eigen workshops gebruikt.

Het spel is heel eenvoudig en lukt het best met een groep vanaf twintig personen: de helft van de aanwezigen vormt een rij waarbij iedereen schouder aan schouder staat. De andere helft vormt eveneens een rij en gaat tegenover de eerste staan, op een afstand waarbij de hand van de overbuurman nog net vastgepakt kan worden. We hebben nu dus een lange mensentunnel gevormd. We zetten gezellige knuffelmuziek op en dan mag de eerste door het knuffellaantje lopen. Hij doet zijn ogen dicht en loopt heel langzaam, stap voor stap, door het laantje. De anderen mogen hem alleen zacht aanraken en strelen en door de tunnel leiden, omdat hij immers zijn ogen dicht heeft. Het is het mooiste als degene die door het laantje loopt steeds vijf tot zes handen tegelijk op zijn lichaam voelt. Dat is echt een te gek gevoel!

Is de eerste persoon een paar stappen in de tunnel, dan kan de volgende het knuffellaantje betreden. Vergelijk dit met een moderne autowasstraat, waarbij de ene na de andere auto naar binnen rijdt en de auto's op een lopende band telkens een plek naar voren schuiven. Wij hebben alleen geen lopende band en moeten zelf lopen ☺.

Volwassenen geven zich meestal volledig over aan deze oefening. Bij kinderen moet je oppassen dat er niemand begint te klieren en anderen misschien begint te knijpen of te kietelen in plaats van te strelen. Het is belangrijk om serieus met deze oefening om te gaan. Deze oefening functioneert alleen als je iedereen die aanwezig is vertrouwt en je je voor hen kunt openstellen. Als een kind dit (nog) niet kan, dan kan hij beter niet meedoen.

De volgende keer krijgt het kind natuurlijk een nieuwe kans.

Oefeningen om een gevoel van verbondenheid met alles te ervaren

Voor volwassenen zijn er heel wat oefeningen op dit gebied en veel daarvan gebruik ik op mijn levensvreugde-workshops. Maar hoe brengen we het peuters bij? Of schoolkinderen?

- Vanaf de eerste levensdag kun je je kind één minuut in de ogen kijken en de uitdrukking in zijn ogen ervaren. Wat voelt het kind? Als je je net als je kind kunt voelen, dan voelt het zich verbonden met jou.

Als even niemand kijkt, kun je naast je zuigeling op de grond gaan liggen en je net zo bewegen als hij doet. Ik garandeer je dat je kind heel erg moet lachen EN het voelt zich verbonden met je, één met jou, want je bent in zijn wereld gekropen!

Barry Neil Kaufman heeft zelfs, samen met zijn vrouw, zijn autistische zoon op deze manier uit zijn teruggetrokkenheid gehaald en het kind genezen. Het boek waarin hij zijn ervaringen beschrijft heet *Verbroken stilte*.

Je in de wereld van de ander inleven, is het geheim van ware verbondenheid.

- Tijdens mijn workshops gaan we met zeven à acht mensen in een kring zitten. Eén persoon stelt een vraag die hem op dat moment bezighoudt. Men pakt elkaars hand vast, sluit daarmee de cirkel en leeft zich in de energie van de vragensteller in. De opdracht is om het meest liefdevolle antwoord te geven dat op deze vraag mogelijk is. Wanneer iemand een antwoord te binnen schiet, spreekt hij dat hardop uit. Als iedereen antwoord heeft gegeven, is de volgende aan de beurt. Dit spel zorgt ervoor dat mensen zich met elkaar verbonden voelen, het is een goede manier om je in de wereld van de ander in te leven. Ten eerste door het voornemen om een liefdevol antwoord te geven en ten tweede omdat iedereen in de kring voelt, dat in principe alle mensen dezelfde basisbehoeften hebben.

- Toen mijn zus en ik klein waren, deden we in de auto altijd het volgende spelletje: naar wie zwaaien de meeste mensen terug. We zwaaiden en telden hoe vaak er teruggezwaaid werd. Dat is ook een manier om spelenderwijs met vreemde mensen kort contact te hebben.

- Oudere kinderen met lef zouden het volgende kunnen doen: ze gaan in een druk winkelcentrum op een bank op ooghoogte van de passanten zitten. Dan lachen ze stralend tegen nors kijkende mensen. Wie de meeste mensen laat lachen, heeft gewonnen. De kinderen kunnen dat het beste met elkaar onder begeleiding van een volwassene doen, om bij psychisch labiele mensen juist niet het tegenovergestelde te bereiken.

Tijdens het proeflezen van het manuscript van dit boekje kwam er op dit punt een kritische noot vanwege psychisch zieke of criminele mensen: men vroeg zich af of je je kinderen niet beter bij vreemde mensen kunt weghouden? Natuurlijk moeten ze leren om nooit met vreemde mensen mee te gaan, maar om niet eens tegen een vreemde te lachen lijkt me een beetje overdreven. Waarom niet?

Martin Sage heeft in '*Live your dream*' uitvoerig beschreven hoe verschillende stemmingen in elkaar overgaan. Volgens Sage is depressie niets meer dan arrogantie, passieve agressie en tirannie en gaat dit in de diepste diepte makkelijk over in criminaliteit. Een melancholische stemming is al heel wat beter, maar ook dan is men nog te veel bezig met de innerlijke rechtvaardiging van een pessimistische kijk op de wereld. Het is vanaf dit punt nog een heel eind om een gevoel van vertrouwen en enthousiasme voor elke nieuwe dag te ontwikkelen.

Door aan jezelf te werken met als doel een zo hoog mogelijk trillingsniveau te bereiken en zo bezield mogelijk in het leven te staan en door dit je kinderen ook mee te geven, heb je de best mogelijke bescherming tegen mensen met een laag trillingsniveau.

Waarom? Misschien kun je je een moment in je leven herinneren waarop je heel gespannen of agressief was terwijl er plotseling ergens zachte halleluja-muziek werd gespeeld? Meestal wil je de muziek dan uitzetten of hol je uit de ruimte weg. Een negatieve stemming en muziek met een hoog trillingsniveau passen niet bij elkaar. Gebleken is dat er minder zwervers in de gangen van de metro verbleven als er klassieke muziek uit de luidsprekers klonk. Wie er slecht aan toe is, kan muziek met een hoog trillingsniveau niet verdragen. En als iemand bij het Halleluja van Händel nog steeds blijft zitten en vriendelijk lachend bedelt, dan zou het zinvol kunnen zijn om hem te helpen er weer bovenop te komen.

Hoe hoger je eigen trillingsniveau is, des te minder mensen met een laag trillingsniveau het met je uithouden. Zoveel harmonie kunnen ze niet verdragen.

En hoe beter je de gevoelswereld van andere mensen doorziet, des te makkelijker je ook als kind herkent wie goed is en wie niet. Ik vind het lachspel onder begeleiding van volwassenen daarom erg nuttig. Stel je een voorbijgangster voor – mooi om te zien, beladen met tassen, samengeknepen mond en opgetrokken wenkbrauwen – die haastig over een plein in de binnenstad loopt.

Plotseling komt de aanval. Vijf kinderen lachen stralend naar haar en zwaaien misschien zelfs. Mensen met een laag trillingsniveau haasten zich ontzet weg. Maar onze denkbeeldige voorbijgangster stopt, zet haar tassen neer, veegt over haar voorhoofd en lacht hartelijk om zichzelf en haar slechte humeur. 'Jullie hebben gelijk. Kom eens hier, wie wil er een banaan van me?'

Dit kan gebeuren. Kun je je voorstellen hoe trots de kinderen op zo'n resultaat zijn? En ze hebben weer iets geleerd.

Waar wij wonen is een kleuterschool vlakbij een tehuis voor bejaarden en gehandicapten. Eén keer per week mag een groep kleuters naar dit tehuis. Ze zitten daar in een groepsruimte aan een tafel te knutselen en de ouderen en gehandicapten mogen toekijken. De kinderen krijgen daar zoveel aandacht en voelen zoveel vreugde omdat ze daar zijn, dat het elke week een heel gedoe is wie er mee mag en wie niet, want de ruimte is te klein voor iedereen.

- Ook dat kan een spel zijn: met kinderen iets oefenen of instuderen en het in bejaardentehuizen en gehandicapteninstellingen opvoeren. Dat kinderen meemaken hoe blij mensen met wie ze in hun dagelijkse leven niets te maken hebben kunnen worden van het contact met hen, is weer een stap in de richting van het voelen van verbondenheid met alles.

Ik stuurde mijn oma vroeger één keer per maand positieve, waar gebeurde verhalen. Ik schreef erbij dat ik dat deed om haar te laten inzien dat de wereld ook goed en mooi kon zijn en iets anders inhield dan alleen de rampen waarover ze altijd las. Mijn oma had de neiging om alles, wat ik haar over mijn leven vertelde belachelijk te maken, omdat de wereld volgens haar slecht was. Maar door deze verhalen hield ze daarmee op en kon ik weer gezellig met haar praten. Een leuke opdracht voor kinderen kan zijn om oma voor de verandering eens iets voor te lezen in plaats van altijd naar haar te luisteren.

- Verbondenheid kun je ook in de natuur ervaren. Maak eens een wandeling met je kinderen als de zon opkomt, omarm de bomen en koester je in de zonnestralen. Dat kan ook met baby's in een draagzak. Ze voelen de sfeer vanzelf aan. Oudere kinderen kun je vertellen dat alles wat ze zien, eigenlijk bestaat uit minuscule deeltjes (atomen) die omringd zijn door lichtflitsen (elektronen) en dat 99 procent van de materie gewoon niets is.

Eigenlijk bestaat alles slechts uit niets en energie: de bomen, de dieren, de mensen en zelfs de zon. Voel de kracht die dit niets en de energie bij elkaar houdt. De kracht waardoor alles een eigen vorm heeft, waardoor wij denken dat we allemaal anders zijn en niets te maken hebben met de natuur. In werkelijkheid is alles één en heeft invloed op elkaar. In de stilte van een zonnige ochtend krijg je het snelst een gevoel van verbondenheid met alles.

Nieuw licht op de opvoeding van opgroeiende lichtkinderen

Voor de bevruchting

Jaren geleden heeft een spirituele leraar me ooit verteld, dat wanneer ouders bij de bevruchting allebei een gezond en gelukkig kind wensen dat bij hen past, ze dat ook krijgen. Anders komen er zielen die bij het gezinskarma passen, en die hoeven niet per sé gezond en gelukkig te zijn. Een bewuste wens van de ouders trekt namelijk ook bewuste zielen aan.

Als je niet zwanger wordt terwijl je dat graag wilt, kun je je aandacht beter op je eigen gezondheid richten dan op kunstmatige bevruchting. Het laatste brengt gezondheidsrisico's voor zowel kind als moeder met zich mee.

Er is meestal een reden voor dat het iemand niet lukt om zwanger te worden. Als je je lichaam zuivert en het sterker en gezonder wordt, zou dat kunnen helpen en zou je misschien toch zwanger kunnen worden.

Zwangerschap

Het kind is er niet pas als het geboren wordt, het is er als het in je buik zit. En je kunt er zelfs al contact mee hebben als je nog helemaal geen dikke buik hebt. Voel je één met het wezentje in je buik, maak in gedachten contact, door iets te vertellen of te zingen. Als je een lievelingsliedje hebt dat je elke dag zingt, dan zal je kind deze melodie ook na de geboorte herkennen en zich meteen veilig voelen.

Over het thema contact met je baby maken tijdens de zwangerschap is in boekwinkels inmiddels een hele serie boeken te vinden.

Kinderen opvoeden en een bewuste schoolkeuze

We willen dat onze kinderen op een ontspannen manier in staat zijn om deel te nemen aan de maatschappij en dat ze leren om verstandige beslissingen voor zichzelf te nemen. We willen ze tot mondige en verantwoordelijke volwassenen opvoeden. Om te slagen in het moderne bedrijfsleven moeten ze in staat zijn om problemen te herkennen, kansen te benutten en op allerlei manieren samen te werken.

Bovendien willen wij ook nog dat de kinderen opgroeien tot mensen met een spiritueel bewustzijn en een goed contact met hun eigen intuïtie.

Dat leren kinderen tot nu toe niet op gewone scholen. Daar gaat het nog steeds om de intellectuele prestaties van het kind; de ontwikkeling van de individuele creativiteit komt nauwelijks aan bod.

- Help me om het zelf te doen
- Laat me niet alleen en begeleid me liefdevol, maar…
- … stoor me niet bij het zelf ontdekken.

Dit is een korte samenvatting van het Montessori-onderwijs, een manier van onderwijs die inderdaad recht doen aan de hierboven vermelde eisen van ouders (vooropgesteld dat de Montessorischool goed wordt geleid). Het is een vorm van onderwijs die van het kind uitgaat en niet van een volgepropt leerprogramma. Op een Montessorischool hebben zowel onderwijzers als kinderen plezier en de kinderen leren bovendien meestal meer en sneller dan op een gewone school.

Informeren naar de juiste schoolkeuze voor je kinderen kost weliswaar moeite, maar is de moeite waard voor het hele gezin. Ten eerste zijn de kinderen dan gelukkig en tevreden, wat natuurlijk ook thuis te merken is. Ten tweede ontmoet je vanzelf andere geëngageerde ouders en kunnen er vriendschappen ontstaan.

De opvoedingsmethode 'Love and Logic' uit de VS spreekt me eveneens aan. Hierbij gaat het voornamelijk om twee dingen: een liefdevolle relatie met je kind opbouwen en behouden en je kind leren om verstandige beslissingen voor zichzelf te nemen.

Bij deze opvoedingsmethode maak je onderscheid in een probleem: is het een probleem voor het kind zelf of veroorzaakt het kind voor jou een probleem? Is het een probleem voor het kind zelf, dan is het onze taak om begrip te tonen, als adviseur te fungeren en het kind heel bewust van zijn eigen fouten te laten leren. Alleen het leren van eigen fouten is echt leren.

Gaat het daarentegen om een probleem dat het kind voor jou veroorzaakt, dan is het nodig om grenzen te stellen. Mariella Mathia, gezondheidstherapeute en psychologe, werkt volgens deze methode en zegt erover: 'Geen kind zal zich natuurlijk aan deze grenzen houden. Dan kunnen we begrip tonen, want nu heeft het kind een probleem, omdat wij als ouders hier consequenties aan zullen verbinden. Maar door deze consequenties ervaart het kind dat zijn eigen handelingen en beslissingen zijn welbevinden beïnvloeden.'

Daardoor leert het kind zelf verantwoordelijkheid te nemen voor zijn handelingen en beslissingen. De fouten die hij als peuter maakt, hebben niet méér consequenties dan dat hij het bijvoorbeeld koud heeft, omdat hij zijn jas niet aan wil, een schaafwond oploopt, omdat hij niet voorzichtig is of hongerig naar bed moet, omdat hij zijn avondeten niet wil.

Heeft het kind als puber nog steeds niet geleerd om verstandige beslissingen voor zichzelf te nemen, dan zou hij aan de drugs kunnen raken, zijn opleiding niet af maken enzovoort. De consequenties van de verkeerde beslissingen worden dan steeds groter. We doen onze kinderen daarom een groot plezier, als we ze al op jonge leeftijd laten leren van hun fouten, op een moment waarop deze nog weinig gevolgen hebben.

Belangrijk van deze methode vind ik ook de aanwijzingen over het tonen van begrip. Als ik namelijk mopper en boos word, denkt het kind automatisch dat IK een probleem heb. Wie boos wordt heeft een probleem – heel eenvoudig. Onbewust denkt het kind onmiddellijk dat het zich dan niet om het probleem hoeft te bekommeren.

Als ik daarentegen rustig en vriendelijk blijf en begrip toon in plaats van te mopperen, dan is de onbewuste boodschap automatisch: 'Ja kind, ik vind het vervelend voor je, maar JIJ hebt een probleem. Niet ik.'
Het klinkt simpel, maar het is geniaal. Je hoeft het alleen maar bij je partner uit te proberen. Als ik boos word omdat mijn partner iets heeft gedaan, trekt hij zich onmiddellijk terug en legt het probleem daarmee

bij mij. Als ik daarentegen juist een vriendelijk begrip toon, dan neem ik het probleem niet over en laat ik het bij hem, met als gevolg dat hij er zelf iets aan moet doen. De onbewuste boodschap achter beide manieren komt heel duidelijk naar voren. Probeer het maar eens uit.

Literatuur over opvoeden vanaf de peuterleeftijd vind je achterin het boek.

Eén minuut contact van hart tot hart

Tijd, tijd, waar ben je gebleven? Iedereen gaat tegenwoordig gebukt onder stress en drukte en in veel gezinnen is het moeilijk om hier een goed evenwicht in te vinden. Dat is echter niet het thema van dit boek.

Ik doe daarom ook geen poging om mensen over te halen meer tijd aan hun kinderen te besteden, maar geef liever een nuttige tip over hoe je de weinige tijd kwalitatief beter kunt gebruiken.

Daarom een kort verhaal over het Emmi-Piklerinstituut in Boedapest. Dat is een weeshuis, waarin ongeveer veertig weeskinderen – baby's en peuters – verblijven. De kinderen, die daar alleen hun eerste paar levensjaren doorbrengen, vertonen in hun latere leven niet de problematiek van tehuiskinderen, maar groeien op tot sociaal competente, emotioneel evenwichtige mensen. Hoe doet men dit?

Eén ding is in elk geval heel opmerkelijk: de peuters en baby's worden het grootste deel van de dag aan hun lot overgelaten, in een voor hen geschikte omgeving waar ze zonder gevaar voor zichzelf, de andere kinderen en allerlei voorwerpen die bij hun leeftijd passen kunnen ontdekken. Als ze echter aan de beurt zijn om een schone luier te krijgen en gewassen te worden, krijgen ze de exclusieve aandacht van de verzorgers. Op dat moment heeft de verzorger vanaf het begin oogcontact met het kind, praat met het kind en gaat voorzichtig en respectvol met het kind om. Het kind voelt de menselijke nabijheid en de aandacht die het krijgt. Dit doet het kind dusdanig goed en geeft het zo'n groot gevoel van veiligheid en waardering dat het zich de rest van de dag vol vertrouwen aan zijn omgeving kan overgeven.

En DAT is de truc. Hoe weinig tijd we ook hebben, als we zorgen dat deze tijd kwalitatief goed gebruikt wordt, krijgt het kind al het merendeel van datgene wat het nodig heeft. Zelfs als je maar meerdere keren per dag één minuut tijd hebt, maakt het verschil of je deze minuut geestelijk en emotioneel voor het kind honderd procent aanwezig bent of maar voor de helft.

Stel je een minuut voor, waarin je alles laat staan en liggen om je helemaal op je kind te richten, in zijn ogen te kijken en je liefdevol in hem in te leven. Wat gaat er in deze minuut in je kind om? Waarbij kun je het deze ene minuut liefdevol begeleiden?

ÉÉN zo'n minuut per dag en dit kind voelt zich beter dan een kind dat door zijn moeder voortdurend wordt meegenomen om boodschappen te doen, of om bij iemand koffie te drinken, of bij het huishouden, een kind waartegen af en toe iets gezegd wordt zonder dat hij ooit honderd procent aandacht van zijn moeder krijgt.

We gaan er natuurlijk niet van uit dat iemand van onze lezers maar één minuut tijd per dag aan zijn kind besteedt, we willen tenslotte ook volledig genieten van het welterustenritueel, het spel met de onderzetters en nog veel meer. Door dergelijke goed gebruikte tijd kun je je kind nog meer het gevoel geven dat het gezien wordt en dat het liefdevolle aandacht en begrip krijgt.

Samenvatting

- Vóór de bevruchting: ouders kunnen samen gezonde en gelukkige kinderen wensen.
- Kies geen willekeurige school. Zoek een school voor je kind met een vorm van onderwijs die van het kind uitgaat.
- Liefdevolle aandacht, oogcontact, er helemaal voor het kind zijn, je voor honderd procent in je kind inleven: zelfs al is het slechts af en toe één minuut, dan is dit het beste dat je je kind kunt geven. Het speelt daarna vaak helemaal alleen tevreden verder.

Ouders kunnen spirituele eigenschappen bevorderen of belemmeren

Janina is twee jaar. Op een dag pakt ze tijdens een boswandeling een gevorkte tak en begint er uiterst geconcentreerd mee voor een boom naar boven en naar beneden te zwaaien. Haar moeder realiseert zich gelukkig dat het niet goed is om te vragen wat het kind in vredesnaam voor iets belachelijks aan het doen is. Ze vraagt daarom gewoon: 'Janina, wat doe je daar?'

Met een bijna vernietigende blik 'mama, wat is dat nou voor een vraag, dat zie je toch' geeft Janina antwoord: 'Ik genees de boom.'

Natuurlijk. Moeder laat haar kind de boom genezen en bemoeit zich er niet mee, ook al kan ze er zelf niets mee. 'Mama moet ook bomen genezen', verkondigt Janina nu echter en ze zoekt een geschikte tak voor haar moeder. Janina's moeder pakt gehoorzaam de tak en beweegt deze een beetje onbeholpen voor een boom heen en weer. Het tweejarige meisje bekijkt dit meewarig en komt tenslotte tot de conclusie: 'Mama nog oefenen.'

Het voorbeeld is heel goed. Want dat is precies wat er gebeurt in duizenden gezinnen. De kinderen experimenteren en spelen, oefenen en werken met energieën. De ouders begrijpen het niet en kunnen zich niet inleven. Zij staan voor een dilemma: vertel ik mijn kind dat het waanideeën heeft en dat het onzin uitkraamt, of kom ik tot de conclusie dat ik degene ben net een beperkt waarnemingsvermogen?

Als je de spirituele waarneming van je kinderen wilt steunen en wilt laten ontplooien, is datgene wat Janina's moeder heeft gedaan uitstekend: het kind liefdevol begeleiden, meedoen en het kind laten begaan zonder hem iets uit het hoofd te praten.

Hoeveel ouders zijn er niet die 's ochtends tegen hun kind zeggen dat het onzin is om te denken dat het iets zelf kan genezen en vervolgens 's middags zelf naar een alternatieve hulpverlener gaan vanwege het een of andere kwaaltje. Misschien vertelt deze hulpverlener je dan wel dat hij het moeilijk heeft gehad omdat hij de spirituele vaardigheden die hij als kind had moest onderdrukken, omdat niemand hem serieus nam.

Let op: alle kinderen hebben enigszins telepathische eigenschappen!

Moeder en kind van tweeënhalf lopen naar de trein om vriendin Hanna af te halen. Als de trein het station binnenrijdt, geeft het kind het volgende commentaar: 'Hanna zit niet in de trein'. Moeder twijfelt even of ze meteen rechtsomkeert zal maken of zal wachten om de uitspraak te controleren. Ze had net zo goed meteen terug kunnen gaan, want Hanna had inderdaad de trein gemist.

Moeder zit met haar twee jaar oude dochter Julia in de auto. Ze ziet een erg vervallen woning en denkt in het voorbijrijden: 'Daar zou ik van mijn leven niet willen wonen'. Ze zegt het niet hardop, maar er kraait al een stemmetje van de achterbank: 'Nee hè mama, daar wil je niet wonen...'.

Gedachten zijn energie. Dat weet eigenlijk iedereen. Je voelt het ook zonder woorden als iemand negatieve gedachten over je heeft. Je wordt vanzelf gespannen en je kunt je in het uiterste geval zelfs ziek voelen als je met deze persoon wordt geconfronteerd. Als iemand daarentegen bij de eerste oogopslag denkt: 'Hé, die lijkt me aardig', dan ervaar je deze positieve gedachte eveneens onmiddellijk.
Als we ervan uitgaan dat we in een tijd leven waarin alle kinderen worden geboren als een schitterende diamant en wij als ouders deze edelsteen kunnen polijsten en laten stralen of dof kunnen laten worden, dan

is het duidelijk dat positieve gedachten van de ouders heel belangrijk zijn. Als kinderen al kunnen voelen of iemand in een trein zit of deze heeft gemist en mama positief of negatief over iets of iemand denkt, dan voelen ze helemaal wat mama en papa over elkaar denken.

'Mijn god, die stomme koe snapt er weer helemaal niets van...' of 'Die stomme trut, die verdomde klootzak, ik kan hem/haar wel wat doen...' zijn gedachten van ouders die elk kind volgens mij onbewust opvangt. Het kind bestaat tenslotte voor de helft uit genen en energie van moeder en voor de andere helft uit genen en energie van vader. Als deze twee mensen elkaar afwijzen, voelt het kind zich ook afgewezen.

Een dokter, tevens psycholoog, heeft me verteld dat 99 procent van alle kinderen van gescheiden ouders op een bepaald moment in de puberteit denken over suïcide, als tenminste een van de ouders de ander negatief heeft afgeschilderd. Dat komt omdat een kind, als je bijvoorbeeld tegen hem zegt dat zijn vader een idioot is, als het ware hoort dat hij zelf ook een idioot is. Hij bestaat ten slotte voor de helft uit deze idioot. En zijn moeder heeft geluk, want die heeft niets van die idioot in zich, ze is immers geen bloedverwant van hem. Het kind voelt zich slecht, het voelt zich gebrandmerkt omdat het voor de helft uit deze idioot is ontstaan.

Niemand hoeft dit hardop te zeggen, maar de boodschap komt ALTIJD bij het kind aan.

Twee vragen daarover:

- Wat moeten we doen als we als ouders elkaar niet meer uit kunnen staan?
- Hoe kunnen we ons het beste gedragen bij een echtelijke ruzie?

In het eerste geval kunnen we ervan uitgaan dat elk mens een positieve kant heeft, wat niet altijd gezien wordt. Juist daarom is het belangrijk om onze kinderen tot lichtkinderen op te voeden, zodat zij de kans krijgen om dit wel te zien.

Leef je daarom in in de positieve kant van je expartner en stel je voor dat je kind die kant van hem overneemt. Het is goed als je respectvol tegen je kind praat over zijn verwekker en hem leert zijn goede eigenschappen te zien.

Nog beter is het om innerlijk vrede met deze persoon te sluiten. Dat kan een enorm moeilijke en grote stap zijn, maar een deel van de negatieve energie die in jou leeft komt bij je kind terecht, ook al spreek je dit niet uit en praat je respectvol over de andere ouder.

Vergeet niet dat eerlijkheid belangrijk is voor je kind. Mama praat altijd zo aardig over papa, maar het voelt helemaal niet aardig aan. Hoe kan dat? Waarschijnlijk is er iets mis met mij. Dat er iets mis is met henzelf is heel vaak de conclusie die kinderen trekken.

In het beste geval kun je het volgende zeggen: 'Weet je, zoon of dochter, ik oefen nog in het vergeven van je vader/je moeder voor de problemen die we met elkaar hebben gehad en dat lukt me niet altijd. Soms ben ik ontzettend verbitterd, maar dat is een zaak tussen ons. Dat heeft niets met jou te maken. Ik vind het fijn als jullie samen plezier hebben en als je het positieve in je vader/je moeder kunt zien. Dat helpt mij om het zelf ook weer te zien, want ooit heb ik dat gezien, anders was jij immers niet geboren.'

Aanbevolen om te lezen: '*Ik ben het licht*' van Neale Donald Walsch. Denk er eens over na welke afspraken jij en je ex-partner in de hemel misschien met elkaar hebben gemaakt. Wat wilden jullie elkaar leren, waardoor is de huidige situatie ontstaan? Waarvoor kunnen jullie elkaar ondanks alles, dankbaar zijn?

Kinderen leren door nadoen. Als je kind ziet hoe je je zwakke kant het hoofd biedt en hoe je je best doet om positief in het leven te staan, krijgt het daardoor ideeën hoe het met zijn eigen, ongetwijfeld aanwezige minder sterke karaktereigenschappen om kan gaan.

Voor wat betreft de tweede vraag, over echtelijke ruzies, kan ik een aantal boeken aanbevelen: *'De zeven geheimen van een gelukkig huwelijk'* van John Gottman (geweldig), *'De 10 geheimen van de liefde'* van Adam Jackson (goed) of de boeken van Chuck Spezzano (erg goed, maar ook erg dik), zoals bijv. *'Als het kwetst, is het geen liefde'*.

In elk geval is het niet goed om in te gaan op de negatieve energie van de ander en deze te vermeerderen door zelf ook negatieve energie te produceren. Je kunt zo'n negatieve stemming van de ander daarentegen gebruiken om jezelf voor te houden: 'Ik ben goed zoals ik ben, ik houd van mezelf zoals ik ben, ik blijf in mijn centrum en sta open voor positieve energie. Jij bent er zelf verantwoordelijk voor hoe jij je voelt. Ik ben er verantwoordelijk voor hoe ik me voel. Ik blijf op een hoog constructief trillingsniveau. Ik houd van mezelf'.

Als je dat probeert en het lukt je om op je hoge trillingsniveau te blijven, dan houd je je partner als het ware een spiegel voor. Deze spiegel zegt overduidelijk: 'De enige die zich hier misdraagt en die voor een negatieve stemming zorgt, ben jij. Ik ben een positief mens met een positieve stemming'. Dat zal de ander in de meeste gevallen heel snel vervelend vinden. Tenslotte wil je niet te boek staan als een lomperik en als iemand die agressie uitstraalt en ruzie zoekt.

Lukt dit, dan volgt een oefening voor gevorderden: denk op een akelig moment aan je partner op een moment dat hij zich van zijn beste kant laat zien.

Stel je voor, wat de ander zou doen als hij zich op dit moment van zijn beste kant zou laten zien. Misschien kun je hem eraan herinneren, als hij het even vergeten is.

De consequenties van je beslissing zijn duidelijk: is je kind 's middags niet te genieten en zorgt het daardoor voor een negatieve stemming, omdat zijn onderwijzer een rothumeur had? Of moet het leren om de verantwoordelijkheid voor het slechte humeur van de docent bij de docent te laten en zelf verantwoordelijk te zijn voor wat hij van zijn eigen dag maakt? Denk na welk voorbeeld je voor je kind wilt zijn.

Er bestaan onderzoeken met bioresonantie-apparaten (bijvoorbeeld Kirlian-videocamera's) die laten zien welk effect negatieve gedachten op andere mensen hebben. Degene die mijn workshops regelt heeft vroeger zulke experimenten gedaan. Hij liet iemand naar voren komen en sloot hem aan op zo'n apparaat. Deze persoon kreeg te horen hoe moedig het was om naar voren te komen, dat hij daardoor zijn sterke karakter toonde enzovoort. De borst van de proefpersoon zwol op en zijn energieveld groeide. Hij voelde zich gesterkt en verheugde zich over de positieve aandacht en erkenning. Daarna kwam de klap: ‘Maar eerlijk gezegd, of ik in jouw plaats naar voren had durven komen, met zulke vette haren? En gedoucht heb je volgens mij ook al heel lang niet meer.’

Wam! Het energieveld raakt meteen in een dip en er is veel positieve aandacht nodig om dat weer te herstellen.

Met deze energieveldtesten kan zelfs worden aangetoond, dat een scholier waarvan de docent positieve resultaten verwacht, veel betere prestaties levert dan een scholier die voor dom wordt versleten. Het energieveld van het kind verandert, afhankelijk van de uitstraling van degene die hij tegenover zich heeft.

Hetzelfde gebeurt met het beeld dat kinderen van hun ouders hebben. Als ze van beide ouders een positief beeld hebben, zijn ze sterker en staan ze gezonder in het leven dan wanneer ze van minstens één ouder een negatief beeld hebben.

De al eerder genoemde hartspecialist Dean Ornish schrijft dat onderzoeken aangetoond hebben, dat studenten die in hun jeugd een warme relatie met beide ouders hadden, op latere leeftijd veel gezonder zijn dan degenen die met minstens één ouder een slechte band hadden. Het is gewoon niet goed voor een mens om het gevoel te hebben voor de helft door een negatief persoon te zijn verwekt.

Als je dus regelmatig negatieve gedachten over je partner hebt, doe je daarmee je kind tekort. Als je deze gedachten verandert of in elk geval dat constant probeert, dan zal je kind dat ook van je overnemen. Het leert dan: ‘Aha, ik kan het dus ook anders doen, als ik boos op iemand ben. Objectief bekeken is hij waarschijnlijk niet alleen maar slecht. Bovendien kan ik alleen mezelf veranderen en vaak verandert de ander dan vanzelf mee'.

Je kind zal in het leven aanzienlijk meer vrienden hebben en meer erkenning vinden, als dit het gedrag is wat hij van zijn ouders ziet en van hen overneemt.

Ook tegen agressieve of gewoon onaangename mensen kun je je het beste beschermen, als je hebt geleerd om naar je gevoel te luisteren en je mensen niet op hun uiterlijk en hun woorden beoordeelt, maar op wat je voelt als je tegenover ze staat. Dat is een van de effecten die je bereikt, als je met je kinderen al op jonge leeftijd het voelen en aanvoelen en het naar jezelf luisteren oefent.

En: sta je kind toe om zelf te kiezen wie hij mag en wie niet. Misschien heeft je eenjarige peuter wel een reden om die aardige meneer van het werk niet te mogen, ook al denk je dat het schadelijk is voor je imago, als je kind hem afwijst. Gun je kind zijn individuele waarneming, dan zal het in geval van gevaar naar zijn intuïtie luisteren. Kinderen aan wie vaak verteld wordt dat het onzin is wat ze voelen, vertrouwen hun intuïtie ook in een gevaarlijke situatie niet meer.

Samenvatting

- Kinderen kunnen vaak veel beter fijne trillingen en stemmingen aanvoelen dan volwassenen. Er wordt een gevoelige snaar geraakt als de ene ouder de andere afwijst. Omdat ze uit beide ouders zijn ontstaan, dragen ze de afwijzing op zichzelf over. Als ouders zijn we daarom verplicht om negatieve gedachten over onszelf en over de ander te transformeren.
- Probeer de beste kant van je partner (of je ex-partner) te zien, als jullie samen zijn of als je over hem praat.
- Probeer alleen jezelf verantwoordelijk te voelen voor je trillingsniveau en blijf van jezelf houden, ook als je partner eens niet zo'n goede bui geeft.

Denk aan je eigen ouders. Wanneer voel je je beter, als je ze als twee mensen met veel fouten ziet of als je aan hun goede kwaliteiten en eigenschappen denkt?

Elk mens heeft een goede kant en kinderen kunnen daaruit putten, om het even hoeveel of hoe weinig de ouders daar zelf naar leven of naar geleefd hebben.

Steun je kinderen bij het ontdekken van de beste kanten in henzelf.

Geen spiritualiteit zonder liefde

Wat betekent dat? Ik heb een overduidelijk voorbeeld hiervan leren kennen. Anna (pseudoniem) is 16 jaar en een spirituele brokkenpiloot.

Anna kwam er ooit per toeval achter dat ze kon voelen welke tekst haar docent Latijn tijdens de volgende repetitie zou gebruiken. Ze leunde onmiddellijk achterover en leerde voor dit vak helemaal niets meer. Dit ging goed totdat de eerste problemen opdoken, omdat de docent teksten uit boeken haalde, waar ze niet zo makkelijk aan kon komen. In plaats van weer te gaan leren kreeg ze een stagiaire zover om de boeken voor haar te regelen en doorzocht ze zelfs het bureau van haar docent Latijn.

Echt goed voelde ze zich hier niet bij, maar omdat ze al anderhalf jaar niets meer aan Latijn had gedaan, was het te laat om dit nog in te halen. Ze was elke aansluiting kwijtgeraakt. Dus moest ze op de een of andere manier aan de teksten zien te komen. Anna voelde zich beroerd, maar er schoot haar geen andere oplossing te binnen en zo kreeg ze steeds slechtere ideeën over de manier waarop ze de teksten voor de volgende repetitie te pakken kon krijgen.

Onthoud: kennis en techniek zonder liefde voor de natuur leiden tot vernietiging en vervuiling van de natuur, en spiritualiteit zonder liefde is eveneens een doodlopende weg die kan leiden tot dwang en zelfvernietiging.

Wat wil het voorbeeld over Anna zeggen? Dat we met onze kinderen nooit spirituele vaardigheden moeten oefenen om deze vaardigheden zelf of om daardoor een kind met buitengewone prestaties te creeëren.

Dit biedt de kinderen in geen geval een gelukkig en vervuld leven en leidt eerder tot het tegenovergestelde, zoals bij Anna. Ik heb helaas nog veel ergere voorbeelden gezien.

We moeten onze kinderen daarom ook liefde, dankbaarheid en waardering leren, zodat de energieën die onze kinderen ondersteunen altijd zuiver en werkelijk ondersteunend blijven.

Anna heeft op de vraag of ze door het ontdekken van deze vaardigheid gelukkiger is geworden, pruilend geantwoord: 'Nou ja, niet zo gelukkig'. Ze denkt op dit moment na over nieuwe manieren om haar vaardigheid te gebruiken, en gelukkig laat ze zich nu leiden door wat ze echt wil en niet door luiheid.

Dit onderwerp is in dit boek bij het dobbelspel al ter sprake gekomen: kinderen met spirituele gaven die zich arrogant opstellen, ontplooien zelden de vaardigheid om te kunnen genezen. De vaardigheid om te genezen wordt meestal alleen aan iemand gegeven die zichzelf als onderdeel kan zien van het geheel, waar alle mensen deel van uitmaken.

Blij met jezelf zijn zonder arrogantie, schoonheid in iedereen zien, menselijke nabijheid laten voelen – hoe kunnen we onze kinderen dat bijbrengen?

Ik hoop dat ik daarvoor genoeg ideeën en suggesties in het eerste deel met de spirituele oefeningen heb gegeven.

Dat ouders erover nadenken hoe ze zelf met voornoemde kwaliteiten omgaan, is uiteraard het meest effectief, want kinderen leren vooral door hun ouders na te doen. Als kinderen in de omgang met hun ouders verbondenheid, schoonheid en menselijke nabijheid voelen, dan staan zij op die manier in het leven en hebben we ze het beste instrument voor hun eigen leven gegeven.

Kinderen als spiegel voor de ouders

Kinderen, en vooral kleine kinderen, zijn heel sterk verbonden met hun ouders en reageren zonder mankeren op de stemming en het trillingsniveau van hun ouders.

Bij een workshop in de Verenigde Staten, waaraan ik jaren geleden deelnam, mochten kinderen aanwezig zijn. Op een dag klonk er geschreeuw en ontstond er een vechtpartij tussen de kinderen. De ouders probeerden te mediteren, maar waren eigenlijk op van de zenuwen. Er was wat ontevredenheid over de cursusleiding, die niet werd uitgesproken. Op een bepaald moment besloten de volwassenen om hun vastgelopen energie weer te laten stromen, door even te dansen. Het werd een wilde dans, want iedereen had de behoefte om iets af te reageren.

Het grappige was dat alle kinderen opeens in een rij aan de zijkant zaten en vredig en vrolijk toekeken. Toen wij volwassenen dat zagen, moesten we allemaal hartelijk lachen, want het was overduidelijk dat de kinderen onze opgekropte energie niet hadden verdragen en dat in ruzie en geschreeuw hadden omgezet. En nu de energie weer begon te stromen, waren de kinderen helemaal ontspannen.

Als er thuis dus vaak geschreeuwd wordt en ruzie is, dan kun je dat als een aanleiding zien om eens naar jezelf te kijken. Ben je wel authentiek, in evenwicht met jezelf, voel je je wel ontspannen? Of is er een hoeveelheid vastgelopen energie die niet stroomt?

Een ander voorbeeld: toen mijn dochter een jaar geleden koorts had, hoestte en heel slecht sliep, deed ik zachtjes een chi-gong-oefening in haar slaapkamer. Ik concentreerde me erop mijn hele lichaam te ontspannen en mijn adem licht en rustig te laten stromen. Op het moment dat mijn lichaam zich volledig ontspande, leek dit ook op Jola over te slaan. Ze stopte met draaien en hoestte niet meer. Na twintig minuten chi-gong ging ik weer slapen en de rest van de nacht verliep rustig. Daarvoor was ik al vijf keer naar boven gerend, omdat ze door het hoesten steeds wakker werd.

Bestellingen bij het universum voor kinderen

Voor de lezer die misschien mijn boek *'Bestellingen bij het universum'* heeft gelezen, heb ik nog een enkele opmerking. Als kinderen 'antwoord krijgen' op hun bestelling, kost het hen nauwelijks moeite om hun bestelling op energieke wijze, vervuld met kinderlijke vanzelfsprekendheid, weg te sturen, en naar hun innerlijke stem te luisteren, als 'de leverancier antwoordt'. Het heeft dus zeker zin om ze met dit hulpmiddel vertrouwd te maken.

Het volgende verhaal speelde zich bij lezeres Hiltrud af:

'Mijn destijds twaalfjarige dochter Coco was kort voor het einde van het schooljaar ten einde raad. Op de laatste schooldag moest ze een biologieboek inleveren, dat ze kwijt was. Bovendien kon ze haar buskaart en haar portemonnee niet vinden. Tot overmaat van ramp zou ze het volgend schooljaar ook nog eens CKV krijgen van een lerares die ze helemaal niet mocht. De zoekactie naar het boek had geen succes en ook haar buskaart en portemonnee bleven onvindbaar. En aan de lerares voor CKV was al helemaal niet te ontkomen!!! 's Avonds, tegen een uur of elf, wist ik het ook niet meer. Plotseling dacht ik aan de mogelijkheid om de vraag bij het universum neer te leggen. Hiermee kon ik mijn kind enigszins kalmeren en konden we eindelijk gaan slapen.

De volgende dag kwam Coco vrolijk uit school. Ze lachte stralend want haar biologieboek lag bij een schoolvriendin, haar portemonnee was terecht en de buskaart was bij de conciërge afgegeven. En – last but not least – ze kreeg geen les van de gehate lerares, omdat ze het volgende schooljaar muziek in plaats van CKV zou krijgen. Als dat geen onmiddellijk antwoord van het universum was!'

Ik heb ook reacties van kinderen gehad die vrede met andere kinderen of een leraar bij het universum besteld hebben. Oudere kinderen bestellen hun eerste vriendje of vriendinnetje, en als er iets kwijtraakt wordt dat heel vaak door een bestelling te doen, teruggevonden. Wie bang is voor insecten bestelt gewoon dat de beesten voldoende afstand houden, en wie niet genoeg zakgeld heeft bestelt een leuk bijbaantje naast school.

Je kunt ook tamelijk kleine kinderen vertellen, dat ze het universum altijd om hulp kunnen vragen.

Of je vertelt over de vanouds beproefde figuur van de beschermengel. Het is voldoende als je kind het gevoel heeft dat het op het moment dat het de grenzen van datgene wat mogelijk is heeft bereikt, altijd nog een troefkaart heeft, een hulpmiddel dat het kan inschakelen.

Of dit hulpmiddel het universum, een beschermengel, God of het onderbewuste heet, is helemaal niet van belang. *Het is in elk geval juist en onweerlegbaar dat het onderbewuste altijd meer oplossingen kent en kan vinden dan het verstand en dat we juist via dat verstand geen toegang tot het onderbewuste krijgen.*

Het onderbewuste bereik je alleen via innerlijke beelden en gevoelens. Hoe mooier het beeld en het gevoel is, des te beter de verbinding met het onderbewuste en met de intuïtie tot stand komt. Alleen daarom is het idee van een beschermengel al effectief. Het is mooi, idyllisch, speels, liefdevol, omzeilt ons verstand en leidt ons direct naar het rijk van gevoel en intuïtie.

Daardoor wordt niet ineens alles mogelijk, maar wel veel meer dan wanneer je het allemaal alleen doet. En dat is veel waard.

Natuurlijk moeten we ons ook realiseren dat we geen geschenken met een hoog trillingsniveau krijgen, als we zelf een laag trillingsniveau hebben. Dat kun je je kind heel goed duidelijk maken met behulp van het voorbeeld van muziek met een hoog trillingsniveau, die mensen met een slechte bui en een laag trillingsniveau zo slecht kunnen verdragen. Je kunt alleen dingen in je leven opnemen die van jouw trillingsniveau zijn. De rest blijft niet bij ons.

In mijn boek '*Bestellingen bij het Universum*' staan meer sprekende voorbeelden om dit verband te begrijpen. Maar kinderen zijn slim, ze begrijpen het voorbeeld van de resonerende muziek tenslotte ook. Of je neemt het voorbeeld van de radiozender: als ik de radio afstem op Radio 4, kan ik Radio Veronica niet horen. Ook ik moet op de juiste frequentie afstemmen: dus op datgene wat ik in het leven wil hebben: liefde als ik liefdevolle mensen en situaties wil tegenkomen; vrede als ik wil dat anderen vriendelijk en vreedzaam met me omgaan.

Probeer het gewoon: bestel!

Eindconclusie

Als we zelf spelenderwijs het omgaan met energie oefenen, stemmingen ervaren, ons verbazen over het effect van energie en onze intuïtie volgen, zullen onze kinderen – bijna zonder dat we het merken – in staat zijn om op de signalen van zichzelf en van het leven te letten.

Spiritueel gevoelige kinderen horen de stem van het innerlijke licht en het leven, ze vinden hun roeping en de weg naar het hoogst haalbare. We kunnen ze alles geven wat we zelf in onze jeugd hadden willen hebben, zodat ze de toegang tot het innerlijke licht nooit verliezen.

Bijlage

Literatuur en tips bij de verschillende hoofdstukken

Bij het hoofdstuk: Flesjes en waterglazen energetiseren

Wie meer wil weten over de genezende werking van water in plaats van cola te drinken, raad ik het boek *Het mysterie van het water* van Emoto/Fliege (Uitgeverij Panta Rhei) aan.

Voor informatie over de waterkwaliteit aan de hand van kristalvorming raad ik twee fantastische fotoboeken van Emoto aan: *De boodschap van het water en Water weet het antwoord* (Uitgeverij Ankh-Hermes).

Bij het hoofdstuk: Heling van de aarde door kinderkunst

Het boek *Leven met het jaar* van Christiane Kutik en Eva Maria Ott-Heidmann (Uitgeverij Christofoor) geeft tips en spelsuggesties.
Ideeën voor natuurkunst zijn te vinden in: *De seizoenentafel*, van M. van Leeuwen en J. Moeskops (Uitgeverij Christofoor)
Het boek *Op avontuur in de natuur* van Hoffrage/Salehian/Sander (Uitgeverij Panta Rhei) bevat veel speelse ideeën om belangstelling voor natuur en milieu te wekken bij kleuters

Bij het hoofdstuk: zangspelen

CD's met mantra's van Henry Marshall (Oreade).

Bij het hoofdstuk: Welterustenrituelen vanaf de geboorte

De geweldloze communicatie (waarvan in dit hoofdstuk ´dankbaarheid´ werd beschreven) uit het gelijknamige boek van Marshall Rosenberg, is voor kinderen vanaf vier jaar binnen de kortste keren te leren. Ze gebruiken hiervoor twee handpoppen, een giraf en een wolf. Op elke kleuterschool en basisschool goed bruikbaar voor het bemiddelen bij ruzies.
Meer hierover bij www.cnvc.org. Daar vind je onder de rubriek 'find a trainer' ook een lijst met Nederlandse trainers.

Voorleestips voor welterustenboeken

S. Stöcklin-Meier: *Kindergeheimen; over kabouters, engelen en andere onzichtbare vriendjes*
N.D. Walsch: *Ik ben het licht*
Bärbel Mohr: *Der Wunschfänger-Engel*

Zwangerschap

Het is een spannend idee, dat kinderen de stem van hun moeder en eenvoudige liedjes al voordat ze zijn geboren, kunnen horen en waarnemen. Interessant hierbij is de Tomatis-methode, die beschreven wordt in het boek *Het bewuste oor*, van A. Tomatis (Uitgeverij Panta Rhei). De Tomatis centra hebben ook een speciaal programma voor zwangere vrouwen. Onderzoek heeft aangetoond dat de bevalling hierdoor soepeler verloopt. Informatie: www.tomatisholland.nl

Tips voor het opvoeden van lichtkinderen

Door het kind naar een nieuwe wereld – instapboek voor de Montessori-pedagogiek (M. Montessori)
Montessori-basisonderwijs (F. Kelpin)

Onderwijs en het menselijk potentieel (M. Montessori)
Indigo-kinderen als geschenk en uitdaging. Handboek voor ouders, docenten en hulpverleners voor het herkennen van en omgaan met nieuwetijdskinderen (C. Hehenkamp)
Indigo-kinderen opvoeden en begeleiden. Praktische tips en oefeningen voor het ontspannen omgaan met nieuwetijdskinderen (C . Hehenkamp)
Nieuwetijdskinderen (C. Muysert)
Het intuïtieve kind in het Aquariustijdperk (B. Jager)
Mijn kind ziet meer (M. van Gestel)
Zen in opvoeding. De herontdekking van wat we eigenlijk al weten (J. Costello/J. Haver)
Op zoek naar het verloren geluk. Naar een natuurlijke manier van opvoeden (J. Liedloff)

Love and Logic his helaas alleen in het Engels te verkrijgen. *Love and Logic: Magic for Early Childhood* van Jim Fay e.a., Love & Logic Press http://www.loveandlogic.com.

* Voor algemene informatie over Nieuwetijdskinderen:

Stichting Nieuwetijdskinderen
Website: www.nieuwetijdskinderen.nl
Correspondentieadres:
Wolfsesteeg 8, 3864 MR Nijkerkerveen

Voorbeelden om te kopiëren

Op de volgende bladzijde de tekening om te kopiëren voor het sturen van licht en liefde. Je kunt de tekening vergroten en inkleuren. Als je dat wilt, kun je van mijn website een al ingekleurde poster downloaden: www.baerbelmohr.de/bücher/downloadzudenlicht-kindern.

Op de daaropvolgende bladzijden (pag. 121 t/m 129) vind je voorbeelden voor de onderzetters die bedoeld zijn voor het energetiseren van water. Je kunt ze kopi-eren, uitknippen, inkleuren en met doorzichtige folie of lamineerfolie waterafstotend maken.

Of je tekent gewoon je eigen onderzetters.

Alle illustraties zijn van:
Stefan Stutz
Rahlsteder Str.100
22149 Hamburg
040-64892376
0172-4310522
stefanstutz@yahoo.de

Licht en Liefde voor

Verbondenheid met alles

Vrede

Gezondheid

Geluk

Opgewekt

Innerlijk licht

Levensvreugde

Liefdevolle vrienden

Liefde en dankbaarheid

Op de volgende bladzijden vind je een aantal ideeën voor sjablonen die je in de natuur kunt gebruiken.
Je kunt ze kopiëren en de tekening uitknippen. Je legt de sjablonen op boomstronken, schors of stenen. De uitgesneden gedeelten vormen de eigenlijke figuur, die je op een boom, schors of steen kunt overnemen, doordat je de sjabloon met houtskool, krijt, henna of andere zo natuurlijk mogelijke kleuren inkleurt.

Sjabloon 1

Sjabloon 2

Sjabloon 3

Sjabloon 4

Carolina Hehenkamp

INDIGO-KINDEREN ALS GESCHENK EN UITDAGING

Handboek voor ouders, docenten en hulpverleners voor het herkennen van en omgaan met nieuwetijdskinderen

Indigo-kinderen, nieuwetijdskinderen, sterrekinderen, het zijn verschillende benamingen voor eenzelfde verschijnsel. Er komen relatief steeds meer kinderen op de wereld die op de een of andere wijze 'anders' zijn. Dat kan zich uiten in hoogbegaafdheid, overgevoeligheid, een sterke intuïtie, paranormale begaafdheid of hyperactiviteit. Dit boek biedt een actueel overzicht van de talrijke aspecten van dit verschijnsel.

ISBN 90.76771.39.1

Carolina Hehenkamp

INDIGO-KINDEREN OPVOEDEN EN BEGELEIDEN

Praktische tips en oefeningen voor het ontspannen omgaan met nieuwetijdskinderen. Voor ouders, opvoeders en hulpverleners

Indigo-kinderen stellen hogere eisen aan de kwaliteiten van hun ouders en opvoeders dan gewone kinderen. Daarbij biedt dit boek hulp in de vorm van praktische adviezen, tips en oefeningen. Bijzonder ontroerend en inspirerend zijn de talrijke verhalen en uitspraken van indigo-kinderen en hun ouders over hun persoonlijke ervaringen. Deze verhalen worden verspreid over het hele boek weergegeven en steken een riem onder het hart van de vele ouders die zich geen raad weten met dit verschijnsel, en laten hen zien dat ze niet alleen staan.

ISBN 90.76771.47.2

Masaru Emoto & Jügen Fliege

HET MYSTERIE VAN HET WATER

Over de wonderlijke wereld van waterkristallen en hun betekenis voor onze gezondheid

Water blijkt wonderbaarlijke eigenschappen te bezitten waar nog steeds geen afdoende verklaring voor gevonden is: het kan beïnvloed worden door muziek, woorden, teksten, straling en zelfs door positieve of negatieve gedachten. Deze invloed kan zichtbaar gemaakt worden door middel van foto´s van de waterkristallen.
Dit boek geeft een overzicht van al deze eigenschappen van water. Het is samengesteld door Emoto in samenwerking met de Duitse t.v.-predikant Jürgen Fliege. Samen met zeven andere auteurs bespreken zij de vondsten van Emoto vanuit natuurkundige, ecologische, muzikale, medische, wetenschappelijke en religieuze invalshoeken.

Met een selectie van de mooiste en meest sprekende foto's van waterkristallen uit het hele werk van Emoto

ISBN 978.90.76771.92.2; gebonden, full colour, 136 pag.

Judith Costello & Jurgen Haver

ZEN IN OPVOEDING

Opnieuw leren wat we al weten

'Zen in opvoeding' moedigt ouders aan om naar zichzelf te luisteren, naar hun eigen gevoelens en gebruik te maken van de kennis die intuïtief al aanwezig is.
Het boek bevat talrijke humoristische anekdotes die dit duidelijk maken. Het is daardoor een plezier om dit te lezen, herkenbaar, ontroerend en inspirerend.

Dit lichtvoetig geschreven boek behandelt alle belangrijke opvoedkundige vraagstukken en leert ouders en passant om alle aspecten van het ouderschap te waarderen, zowel de goede als de slechte.

ISBN 90.76771.63.4; paperback, 150 pag.

Verkrijgbaar bij: Uitgeverij Panta Rhei, Ligusterstraat 19, 2225 RE Katwijk. tel. 071 4074523/fax 071 40 15256 email: pantarhei@wxs.nl website: www.uitgeverij-pantarhei.nl